수학의 천재
숫자의 비밀을 풀다

수학의 천재
숫자의 비밀을 풀다

1판 1쇄 인쇄 2011년 6월   8일
1판 1쇄 발행 2011년 6월 15일

글 ㅣ 이강필
발행인 ㅣ 이정란
회장 ㅣ 김순용
편집·표지 ㅣ 이인북스

발행처 ㅣ 이인북스
주소 ㅣ 서울시 은평구 신사2동 350-7 301호
구입문의 ㅣ (02) 6404-1686
팩스 ㅣ (02) 6403-1687
등록 ㅣ 2007년 12월 14일 제311-2007-36호

정가 10,000원
ISBN 978-89-93708-14-1   03000

수학의 천재
숫자의 비밀을 풀다

이강굉 지음

머리말

수數에는 우리가 전혀 예측하지 못하는 불가사의한 규칙성이 있다. 갑자기 그 규칙성을 만나게 되면, 마치 마법에 걸린 듯한 이상한 느낌을 우리는 받게 된다. 그 규칙성의 일단을 소개한 것이 바로 이 책이다.

이 책은 수의 성질을 이용해서 즐기는 '숫자의 마술'을 소개한 아주 흥미로운 책이면서 수학의 힘을 키우는 지략의 수학이야기들이 가득 차 있다. 신기한 마술과 같은 수학의 게임, 상대가 가르쳐 주지 않아도 상대방의 생일은 물론 휴대폰 번호, 그리고 상대가 좋아하는 번호까지 모두 척척 알아맞힐 수가 있다.

이제 여러분이 우리가 생각해도 신기하기만 한 일들을 모두 알아낼 수 있는 방법을 터득할 수 있다면, 그리고 상대의 앞에서 그런 것들을 언제든 당당히 알아낼 수 있다면 이미 당신의 능력은 모든 사람들에게 증명될 수 있는 것이다.

여러분이 수학의 천재보다 수학의 박사보다 더 놀라운 능력을 보일 수 있다면, 그런 능력이 아주 간단하게 계산기 하나만 있으면, 혹은 종이와 볼펜 하나만 있어도 가능하다면 어떻겠는가?

수학을 배우는 아이들에게, 아니 수학의 게임으로 모든 사람들에게 마술적 힘을 보여주길 원하는 어른들까지도 이 책을 놓쳐선 안 된다.

　이 책을 읽으면 가정에서, 학교에서, 모임의 파티에서, 회사에서 몇 명의 사람들이 모인 곳 어디에서든 가장 인기 있는 숫자의 마술사가 될 수 있다.

이강굉

목 차

1장

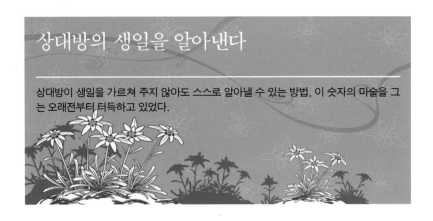

상대방의 생일을 알아낸다

상대방이 생일을 가르쳐 주지 않아도 스스로 알아낼 수 있는 방법, 이 숫자의 마술을 그는 오래전부터 터득하고 있었다.

많은 사람들로부터 관심을 끌만한 소재를 가지고 있는 사람은 저절로 호감을 갖게 된다. 특히 남이 지니지 못한 특징을 가지고 있으면서 남이 하지 못하는 것을 하는 사람일수록 더욱더 그러하다.

단번에 남의 관심을 끌 수 있다는 것은 대단히 흥미롭고 좋은 일이다. 그러나 그 특징을 나타낼 방법을 찾기란 그리 쉬운 일이 아니다. 그래서 마술과도 같은 수학의 비밀풀기를 터득하고 있는 것이다.

민수는 얼마 전 미팅이 주선된 자리에서 자신의 마음에 꼭 드는 이상형의 여자를 만나게 되었다. 그 여자를 처음 본 순간 한눈에 반해버린 그는 당장 그녀와 사귀고 싶었다. 그러나 그 여자가 별다른 관심을 보이지 않는 것 같아 민수는 애를 태웠다. 결국 첫 미팅에서 그녀의 호감을 얻는데 실패하고 말았다.

안타까움을 감추지 못하고 헤어진 민수는 그러나 그녀를 다시 만날 기회가 찾아올 것을 기대하고 그녀에게 관심을 끌 비장의 카드를 준비하고 있었다. 처음 만난 자리에서 그 비장의 카드를 쓸 기회는 없었지만 다시 만나게 된다면 자신의 놀라운 능력을 발휘할 것이라 다짐했다.

"그녀가 말하지 않아도 그녀의 생일을 알아낸다!"

민수가 준비한 비장의 카드는 바로 그것이었다.

상대방이 생일을 가르쳐 주지 않아도 스스로 알아낼 수 있는 방법, 이 숫자의 마술을 그는 오래전부터 터득하고 있었기에 이 비장의 카드만 선보일 수 있다면 호감을 살 자신이 있었다. 그런데 얼마 지나지 않아 그가 바라던 일이 현실로 이루어지는 기쁜 소식이 전달되었다. 며칠 전에 이루어졌던 미팅을 다시 한 번 열기로 했다는 것이다.

"야호!"

친구로부터 전화를 받은 민수는 환호성을 지르며 뛸 듯이 기뻐했다. 그렇게 고대하던 그녀와의 만남이 다시 이루어지게 된 것이다.

민수는 기대를 잔뜩 품고서 약속된 장소로 나갔다. 그러자 거기에는 자신의 이상형이었던 여자가 아름다운 모습으로 앉아 있었다. 하지만 그녀는 처음 미팅을 가졌을 때와 마찬가지로 민수에게는 별다른 관심이 없는 듯이 보였다.

민수는 개의치 않고 침착하게 자신의 능력을 보일 때를 기다리고 있었다. 자신의 능력을 보이려면 어느 정도 분위기가 무르익어야 한다는 것을 그는 누구보다 경험을 통해 잘 알고 있었기에 더욱 그

랬다. 여기서 괜히 초조한 나머지 오버를 했다간 관심을 끌기는커녕 더 나쁜 결과를 가져오게 될 지도 모른다는 불안감이 민수의 행동을 조심스럽게 했다.

이제나 저제나 기회를 엿보고 있던 민수는 분위기가 서서히 달아오르자 이제 때가 되었다 싶어 그녀의 관심을 끌 카드를 꺼냈다.

"생일이 언제인지 제가 물으면 말해주지 않으실 거죠?"

"당연하죠. 우리는 사귀는 사이도 아닌데 생일을 왜 가르쳐 줘요?"

"그럴 줄 알았습니다. 제 입장이라도 당연히 가르쳐 주지 않을 겁니다. 하지만 생일을 가르쳐 주지 않아도 제가 알아맞힐 수 있다면요?"

"제가 말해주지 않는데도 제 생일을 맞출 수 있다고요?"

"그렇습니다."

"어떻게요?"

"사실 제가 수학에 천재거든요. 수학을 이용한 숫자의 마술을 좀 할 줄 압니다."

"숫자의 마술이라니요?"

예상한대로 그때까지 별다른 관심을 보이지 않던 그녀가 잔뜩 호기심 어린 얼굴로 관심을 보이기 시작했다.

"그것뿐만 아니라 여러 가지 숫자의 마술을 보일 수 있습니다. 하지만 오늘은 생일을 알아맞히는 것 하나로만 하고 싶은데, 어때요? 흥미롭지 않은가요?"

"흥미롭지만 그것이 과연 가능할까요?"

"가능합니다."

"좋아요. 어디 한번 맞춰보세요."

"하지만 조건이 있습니다."

"무슨 조건요?"

"생일을 맞추면 다음에 단둘이 만나 데이트를 하면서 다른 마술을 하나 더 가르쳐 드릴 기회를 주신다는 약속을요."

"전술인가요?"

"그럴 수도 있습니다."

"솔직하시네요."

"솔직한 것이 좋지 않은가요?"

"좋아요. 어서 맞추기나 해보세요."

민수는 빙그레 웃으면서 휴대폰을 꺼내들었다. 그리곤 그 휴대폰을 그녀에게 건네주었다. 주위에 있던 사람들의 시선이 일제히 민수에게로 쏠렸다.

"휴대폰은 왜요?"

"계산기가 있어야 하거든요."

그러자 주위에 함께 있던 사람들은 더더욱 알 수 없다는 표정들이었고 상황을 진지하게 지켜보고 있었다.

민수는 이쯤 되면 됐다 싶은 마음으로 느긋하게 웃음을 보이면서 그녀에게 다음과 같이 말했다.

"우선 당신이 태어난 달에 4를 곱하세요. 나에게 보이지 않도록 하시고요."

"네?"

"자신이 태어난 달에 4를 곱하세요. 만일 5월이면 5에 4를 곱하시라는 뜻입니다."

"아, 네."

그녀는 이제야 이해를 하겠다는 듯 민수가 지시하는 대로 계산을 하기 시작한다.

"했습니까?."

"네."

"그럼 그 답에 9를 더하시고……."

민수는 그녀가 계산하는 것을 지켜보면서 천천히 말했다.

"다음은요?"

"……이번에는 그 숫자에 25를 곱하세요."

"25를 곱하면요?"

"그 다음에는 마지막으로 태어난 달을 더하세요."

민수가 지시하는 대로 그녀는 휴대폰의 계산기를 이용해 꼼꼼히 숫자를 누르고 조심스럽게 계산을 끝냈다.

"이제 휴대폰을 제게 주십시오."

휴대폰을 넘겨받은 민수는 여유만만하게 액정화면을 들여다봤다. 그리곤 거침없이 몇 번 휴대폰의 계산기를 눌러댔다. 잠시 주위는 침묵이 흘렀다. 과연 그녀의 생일을 민수가 알아맞힐 수가 있을까?

민수는 그녀를 바라보며 빙그레 웃었다. 그러자 잔뜩 호기심 어린 표정의 그녀가 매우 궁금하다는 듯이 물었다.

"말씀해 보세요. 몇 월 며칠이죠?"

"당신의 생일은 몇 월 며칠입니다."

"어머!"

그녀는 화들짝 놀라 손으로 입을 가렸다.

"정확하게 맞혔지요?"

"어떻게 알았죠? 정말 신기하네요."

신기함에 그녀는 흥분을 감추지 못하고 민수 앞으로 바싹 다가앉는다. 다른 사람들은 믿지 못하겠다는 듯이 자신의 생일도 한번 알아맞혀보라고 말하면서 확인하려고 아우성들이었다. 그러나 그 누구도 민수 앞에서 예외일 수가 없었고 여러 명의 생일을 모두 척척 알아맞혔다. 백발백중이었다. 함께 모였던 사람들은 이 신기함에 매료되었고 호기심을 떨치지 못했다.

모인 자리는 그로부터 민수를 중심으로 분위기가 흘러가고 그녀도 여태껏 민수를 대했던 것보단 훨씬 우호적인 태도로 대하면서 한결 친해지고 있었다.

그렇다면 민수는 어떤 마술을 써서 그녀의 생일을 알아낸 것일까요?

마지막 숫자에서 225를 빼면 된다. 그래서 나온 숫자의 아래 2자리 숫자가 '태어난 날짜'가 되고 위의 숫자가 '태어난 달'이 된다. 단, 100세가 넘은 사람에게는 이 공식이 성립되지 않는다는 것을 알려둔다.

상대방의 생일을 알아내는 방법 정리

1. 태어난 달에 4를 곱한다.

2. 그 답에 9를 더한다.

3. 그 답에 25를 곱한다.

4. 그 답에 태어난 날짜를 더한다.

5. 마지막으로 나온 숫자에서 225를 뺀다.

이렇게 해서 나온 숫자 중 아래 2자리 숫자가 '태어난 날'이 되고 위의 숫자가 '태어난 달'이 되는 것이다.

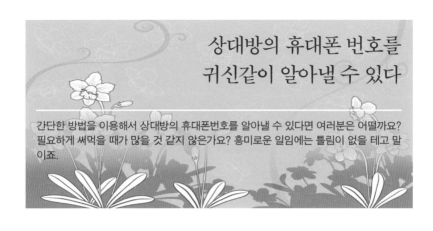

상대방의 휴대폰 번호를
귀신같이 알아낼 수 있다

간단한 방법을 이용해서 상대방의 휴대폰번호를 알아낼 수 있다면 여러분은 어떨까요?
필요하게 써먹을 때가 많을 것 같지 않은가요? 흥미로운 일임에는 틀림이 없을 테고 말
이죠.

휴대폰을 갖고 있지 않은 사람은 거의 없다. 초등학생에서부
터 나이 많은 노인들까지 휴대폰은 이제 사람들에게 없어선 안 될
필수품이 되어 있다. 인구대비 비율로 따진다면 우리나라가 휴대폰
소지 세계 1위라고 하니 얼마나 많은 사람들이 휴대폰을 갖고 있는
가를 알 수 있다.

휴대폰은 개인이 소지하고 있는 개인만의 통신수단이다. 어떤 장
소에서도, 어떤 상황에서도 걸려오기 때문에 아주 가까운 사람이거
나 일에 관련된 꼭 필요한 사람이 아니면 쉽게 번호를 가르쳐 주질
않는다.

경섭은 지방대학을 다니고 있었다. 주말이 되어 서울의 집을 다
녀오기 위해 열차로 상경하던 중이었다. 그런데 행운이었는지 같
은 좌석에 아주 예쁜 여학생과 나란히 앉게 되었다. 여학생과 이런

저런 이야기를 나누면서 서울로 향하는데 시간이 점차 지나면서 이 여학생과 다시 만날 기회가 있으면 좋겠다는 생각을 하게 되었다.

이야기를 나누던 중에 그녀 역시 지방대학에 다닌다는 것을 알수 있었고 목적지는 자신과 같은 서울이 아니라 수원이라는 것을 알게 되었다. 경섭은 만난 지 얼마 되지 않아 다음에 만나자고 하기도 그렇고 목적지가 같으면 또 어떤 빌미를 만들 수도 있었겠지만 중간에서 헤어져야 하는 입장에서 그 어떤 방법을 모색하지 않으면 안 되었다.

뜬금없이 휴대폰 번호를 가르쳐달라고 할 수도 없는 일이고 자칫 번호를 가르쳐달라고 하면 이상한 사람 취급을 받을 염려 또한 있었다. 그래서 경섭은 자신만이 알고 있는 마술과 같은 휴대폰번호를 알아내는 방법을 선택하기로 했다.

"제가 재미있는 놀이를 제의해도 괜찮을까요?"

"재미있는 놀이요?"

"네. 아주 재미있는 숫자놀이입니다."

"글쎄요."

"해보시죠?"

그녀는 재미있는 숫자놀이를 받아들인다는 의미로 고개를 끄덕였다. 그러자 자신의 핸드폰을 여학생에게 건넸다.

"핸드폰은 왜요?"

"이 놀이에는 계산기가 있어야 하거든요."

"저도 핸드폰이 있는데요."

"아녜요, 그냥 이거로 하세요."

그녀는 경섭의 제의를 별다른 뜻 없이 간단히 받아들였다. 단순 재미있는 놀이라고 하는데 어떤 적의심을 가질 필요도 없고 하지 못할 이유가 전혀 없었다.

자, 이렇게 해서 놀이는 성립되었다.

간단한 방법을 이용해서 상대방의 휴대폰번호를 알아낼 수 있다면 여러분은 어떨까? 필요하게 써먹을 때가 많을 것 같지 않은가? 흥미로운 일임에는 틀림이 없을 테고 말이다. 이것은 어쩜 생일을 알아맞히는 것보다 더 많은 사람에게 관심과 흥미를 끌게 할 것임은 분명하리라 생각한다.

가르쳐 주지 않았는데도 상대가 내 휴대폰번호를 알아냈다면 그 호기심으로 말미암아 두 사람의 관계는 한층 더 부드러워질 것은 틀림없는 사실이다. 이는 단순 이성간의 문제에서 뿐만 아니라 대인관계에서도 시도해 본다면 반응은 좋으리라 생각한다.

경섭은 휴대폰번호를 알아내는 방법을 통해서 그 여학생의 번호를 알아내 자신의 휴대폰에 입력해 두는데 성공하였다. 이렇듯 상대가 모르게 알아내는 방법도 있지만 즉석에서 내가 당신이 가르쳐 주질 않아도 당신의 휴대폰번호를 알아낼 수 있다고 공언하고 상대방 앞에서 당당히 알아내 놀라운 능력을 보여주는 것도 재미있는 방법의 하나가 될 것이다. 상대방을 놀라게 하는 것은 물론이고 주위의 많은 사람들에게 호기심과 놀라움을 주어 자신을 두각 시키는 방법으로선 단연 압권이다.

경섭이 여학생의 휴대폰번호를 알아낸 방법은 다음과 같은 방법에 의한 것인데 이 방법을 알고자 하는 사람은 차근차근 순서를 외워두어 꼭 써먹길 바란다.

"010과 같은 공통의 번호를 제외한 휴대폰의 맨 처음 4자리 숫자를 입력해서 그리고 거기에 80을 곱해 보십시오."

그러자 그 여학생은 호기심 어린 표정을 지으면서 경섭이 지시하는 대로 따라했다.

"그 숫자에 1~10까지의 아무 숫자를 더하세요. 그러나 이 숫자는 당신이 꼭 기억을 해두어야 합니다."

"그냥 1~10 안의 어떤 숫자든 상관이 없나요?"

"네, 당신이 좋아하는 아무 숫자든 1~10까지의 숫자면 되니까 선택해서 누르십시오."

학생은 잠시 생각하더니 여기서 3을 선택해 더했다.

"그 답에 250을 곱하고, 나온 숫자에 이번에는 전화번호 뒷자리 4자리를 더하세요. …그 숫자에 다시 한 번 같은 뒷자리 4자리 숫자를 더해 보세요."

그녀는 경섭의 말대로 차근차근 계산을 해나갔다.

"다음으로 아까 1~10까지 중에서 생각한 숫자를 더한 것이 있지요?"

"네."

"그 숫자와 250을 곱한 답을 지금 표시되어 있는 숫자에서 빼보세요."

이렇게 해서 그녀의 계산은 끝났다.

"휴대폰을 이리 주세요."

경섭은 그녀로부터 계산기를 건네받아 그녀가 끝낸 계산을 쳐다보고 자기만이 알고 있는 방법을 통해 몇 번 꾹꾹 눌러대곤 알았다는 듯이 고개를 끄덕였다.

"그런데, 휴대폰은 010?"

여학생은 그렇다며 고개를 끄덕였다. 그녀의 얼굴에는 이것이 어떤 놀이인가 잔뜩 호기심이 서려 있었다.

"이게 무슨 놀이죠?"

"궁금하시죠?"

"네, 궁금해요."

"그 궁금증은 아마 조금 후에 풀릴 거예요."

"조금 후라니요? 전 이제 내려야 되는데요."

"벌써 수원에 다 왔나요?"

열차는 서서히 수원역 플랫폼에 진입하고 있었다.

"이 짐을 제가 내려드릴게요."

경섭은 짐을 들고 앞장서서 플랫폼으로 내려섰다.

"오늘 덕분에 지루하지 않고 여기까지 오게 되었습니다. 안녕히 가십시오."

"저도요. 그런데 아까 그 놀이가 어떤 놀이인지 저한테 가르쳐 주시질 않았는데요?"

"제가 서울역에 도착하는 대로 알려드리겠습니다."

"네?"

여학생은 무슨 이야기인지 알 수가 없어 어리둥절한 표정이었다.

"안녕히 가십시오."

"서울역에 도착하는 대로 알려주신다니 무슨 말씀인지 모르겠어요. 제 연락처를 모르시잖아요?"

그때 열차가 서서히 움직이기 시작했다.

"제가 약속했죠? 재미있는 놀이라고요. 안녕히 가세요."

경섭은 움직이는 열차에 올라서서 여학생에게 손을 흔들어 보였다. 여학생은 경섭이 보이지 않을 때까지 그저 멍하니 서있었다. 그도 그럴 것이 경섭의 일련의 행동을 도무지 이해할 수가 없었기 때문이다.

경섭은 자리로 돌아와 앉아 이미 자신의 휴대폰에 입력된 그녀의 휴대폰번호를 바라보면서 만족스러운 듯 웃음을 입가에 흘렸다.

이윽고 서울역에 도착한 경섭은 플랫폼을 빠져나오면서 자신의 휴대폰에 입력된 그녀의 번호를 눌렀다. 그러자 몇 번의 발신음이 들리더니 이내 그녀의 목소리가 들려왔다.

"지금쯤 집에 도착하셨나요?"

"누구시죠?"

"열차에서 동행을 하며 재미있는 놀이를 권한 사람입니다."

"어머!"

그녀의 놀라는 소리가 경섭의 귀를 때렸다.

"어떻습니까? 이제서 제가 재미있는 놀이를 하자고 한 게 무언지 아셨지요?"

"전 뭐가 뭔지 모르겠어요. 제 휴대폰번호를 어떻게 아셨죠?"

"알고 싶으세요?"

"네, 알고 싶어요."

"방법을 가르쳐드리려면 전화로는 어렵고 만나야만 가르쳐드릴 수 있는데 어쩌죠?"

"만나요."

경섭은 서울역을 빠져나와 1호선 전철 매표소에서 수원 가는 표를 사고선 수원으로 향하고 있었다.

자, 그러면 어떻게 해서 상대방이 휴대폰 번호를 가르쳐 주지 않았는데도 알아냈는지 이제부터 그 방법을 정리해서 소개할 테니 잘 기억하세요.

비밀풀기

이상으로 모든 계산이 끝났으면 당신은 이제 휴대폰번호를 알아내기만 하면 된다. 상대방으로부터 받은 휴대폰계산기. 거기에 표시된 숫자에서 당신은 나누기 2를 하라. 그렇게 해서 나온 숫자, 그것이 바로 상대방의 휴대폰번호가 된다.

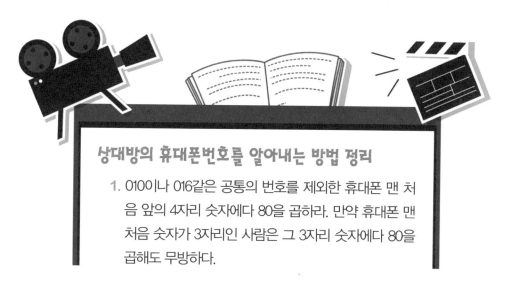

상대방의 휴대폰번호를 알아내는 방법 정리

1. 0100이나 016같은 공통의 번호를 제외한 휴대폰 맨 처음 앞의 4자리 숫자에다 80을 곱하라. 만약 휴대폰 맨 처음 숫자가 3자리인 사람은 그 3자리 숫자에다 80을 곱해도 무방하다.

2. 그 숫자에다 1~10까지 중 아무 숫자를 선택해 그 숫자를 더하라. 가령 3을 선택했다면 3을 더하라는 이야기다.

3. 그 답에다 250을 곱하라.

4. 그런 다음 남은 휴대폰 번호 뒷자리 4자리를 더하라. 더했으면 한 번 더 뒷자리 4자리를 더하라.

5. 1~10까지 중에서 선택한 숫자에다 250을 곱한 다음 그것을 여태껏 계산된 숫자에서 빼라. 여기서는 3을 선택한 숫자로 예를 들었는데 그러니까 3×250=750, 그러니까 4번의 설명까지 끝난 숫자에서 750을 빼라는 이야기다. 만약 선택한 숫자가 3이 아니라 6이었다면 6×250=1,500. 1,500을 빼면 된다.

6. 이제 마지막으로 표시된 숫자를 2로 나누면 된다.

이렇게 해서 계산기에 나타난 숫자가 바로 상대방 휴대폰번호가 되는 것이다.

당신의 생년월일을 알아맞힌다

놀라운 신통력을 지닌 점쟁이. 당신에게 손님은 얼마든지 널브러져 있습니다. 그들에게 당신의 신통력을 시험하십시오. 당신은 스타로 인정을 받을 것이고 유명세를 치를 일만 남았습니다.

여기는 숫자 마술관.

돗자리를 깔았다. 발을 들여놓으면 눈앞에는 족집게처럼 당신을 찾아오는 사람의 생년월일을 알아맞힌다는 점쟁이가 돗자리를 깔고 앉아 소문을 듣고서 찾아오는 사람을 기다리고 있다.

이 점쟁이가 누군가?

두 말할 것도 없이 이 점쟁이는 바로 당신이다.

"이 세상 누구의 생년월일이라도 나는 맞힐 수가 있느니라."

"정말입니까?"

숫자의 마술관에 돗자리를 깔고 앉아있는 것을 보면 부정할 수가 없겠는데 어떻게 말하지 않았음에도 나의 생년월일을 맞힐 수 있다는 것인지 의심을 떨치지 못하겠다.

"당신을 점쳐 드리지요."

그리고선 건네주는 것이 있는데 이것은 휴대폰. 세상이 달라진 터라 점쟁이도 아주 신식이다. 휴대폰 계산기를 사용하라는 말인데 이것이 점을 치는 도구라고 생각하니 어안이 벙벙해지는 것은 당연한 일.

"이게 뭐죠?"

"계산기로 쓰라는 말입니다."

"생년월일을 알아맞히는데 계산기가 왜 필요한 거죠?"

이해할 수 없다는 듯이 손님이 따지고 들었다.

"요즘 세상이 어떤 세상입니까? 점도 이젠 하이테크 시대. 아무 말 말고 시키는 대로 하세요."

손님은 점쟁이의 말에 반신반의한 채 계산기를 받아들었다. 달리 방법 없이 시키는 대로 할 수밖에 없는 것이 아닌가. 그토록 용하다는 점쟁이라는 소문을 듣고 왔으니 점쟁이가 시키는 대로 할 수밖에.

자, 그럼 점이 시작됩니다.

점쟁이가 지시하는 순서는 다음과 같은 것이었다.

"먼저 당신이 태어난 해(年)에다 75를 곱하시오."

"네?"

"어허, 당신이 태어난 해에다 75를 곱하라니까요."

"네네, 알겠습니다."

다소 준엄해 보이는 점쟁이 앞에서 손님은 점쟁이가 시키는 대로 자신이 태어난 해에다 75를 곱한다.

"그렇게 했습니까?"

"네, 했습니다."

"그럼 그 답에다 태어난 달(月)을 더한 다음에 200을 곱하세요."

손님은 도무지 이해가 되질 않는다는 표정이었다. 갑자기 뜬금없이 무슨 계산기로 곱셈, 덧셈을 하는지 점도 참 희한한 점이 다 있다고 생각했다. 그러나 마음속으로만. 다시 궁시렁거렸다가는 점쟁이한테 무슨 꾸지람을 들을지 몰라서 잠자코 시키는 대로 따르기로 하였다.

"그렇게 했습니까?"

"네, 했습니다."

"그럼 거기에다 다시 당신이 태어난 날(日)을 더하세요."

"그러죠."

"거기까지도 끝이 났으면 마지막으로 그 답에다 2를 곱하기 하세요."

서기 1972년 11월 14일… 자기 생일을 머릿속에 떠올려서 계산기의 키를 누릅니다. 계산기에 나와 있는 숫자는 59164428.

여기서 손님은 휴대폰계산기를 점쟁이한테 돌려주었다. 점쟁이는 잠시 그 숫자를 들여다보고 몇 번 키를 누르더니 만족스런 웃음을 입가에 흘렸다.

"흠."

손님이 자신의 생년월일을 알아냈는지 물어보려 하자마자, 점쟁이가 먼저 입을 열었다.

"당신은 1972년 11월 14일에 태어났군요."

점쟁이는 족집게처럼 손님의 생년월일을 맞추었고 손님은 믿을 수 없다는 듯이 그저 점쟁이만을 바라보았다. 역시 이 점쟁이는 숫자 마술관에다 돗자리를 깔 만한 자격이 있음을 인정하는 것도 아울러.

놀라운 신통력을 지닌 점쟁이. 점쟁이인 당신에게 손님은 주위에 얼마든지 널브러져 있습니다. 그들에게 당신의 신통력을 시험하십시오. 당신은 스타로 인정을 받을 것이고 유명세를 치를 일만 남았습니다.

비밀풀기

마지막에 나온 숫자의 아래 2자리를 2로 나누면 '태어난 날', 천 자리와 백 자리를 4로 나누면 '태어난 달', 남은 숫자를 3으로 나누면 '태어난 해'가 된다.

생년월일을 알아맞히는 방법 정리

※ 예 : 1972년 11월 14일생

1. 태어난 연수에 75를 곱한다.

    1972×75=147,900

2. 그 답에 태어난 달을 더한다.

    147,900+11=147,911

3. 그 답에 200을 곱한다.

    147,911×200=29,582,200

4. 그 답에 태어난 날을 더한다.

    29,582,200+14=29,582,214

5. 그 답에 2를 곱한다.

    29,582,214×2=59,164,428

6. 마지막으로 나온 숫자의 아래 2자리를 2로 나누면(28÷2=14) '태어난 날' 14일이 되고 천 자리와 백 자리를 4로 나누면(44÷4=11) '태어난 달' 11월이 되고 남은 숫자를 3으로 나누면(5916÷3=1972) '태어난 해'인 1972년이 된다.

하나하나
나눈 숫자의 합은?

숫자에는 원래 깊은 의미가 있어서 당신의 운명을 좌우하고 있다고 하는 사고방식을 기초로 한 점괘를 보는 것 중의 하나입니다.

여러분은 수령술數靈術이라는 말을 들어본 적이 있는가?

숫자에는 원래 깊은 의미가 있어서 당신의 운명을 좌우하고 있다고 하는 사고방식을 기초로 한 점괘를 보는 것 중의 하나이다.

수령술의 기본적인 방법은 '어떤 숫자'를 하나하나의 숫자를 더해 가는 것이다. 예를 들어 1975년 11월 18일생의 사람이라면 1, 9, 7, 5, 1, 1, 1, 8처럼 숫자를 하나하나 해체해서 각각을 더해 간다.

1+9+7+5+1+1+1+8=33

이것을 1975년 11월 18일생인 사람의 '운명수'라 하고, 6이 가진 운명에 따라서 그 사람의 운명이 좌우된다는 것이다.

게다가 이 수령술은 숫자에 관한 어떤 것이라도 이렇게 하나하나 나눈 숫자로 해서 더함으로써 그 의미를 알 수 있고 운명에 영향을 주고 있다고 생각하고 있다.

그렇다면 이제, 기묘한 수령술을 시작해 보자. 사용하는 숫자는 당신이 가지고 있는 휴대폰번호이다. 휴대폰의 계산기를 이용해도 된다.

우선 당신의 휴대폰의 011과 같은 숫자를 제외한 숫자를 종이에 적는다. 분명 8자리의 숫자가 나왔을 것이다.

다음으로 그 8자리의 숫자를 마음대로 바꿔라. 이렇게 하면 아마 2개의 8자리 숫자가 완성되었을 것이다.

이번에는 그 2개의 숫자 중, 큰 것부터 작은 것을 뺀 다음 그 답을 메모하라. 그런 다음에 메모를 한 숫자를 수령술처럼 하나하나로 나누어서 모두 더하기를 하라. 그리고 2자리가 되어도 더하나 하나로 나누어서 1자리가 될 때까지 더하면 된다.

이런 방법의 계산이 모두 끝났는가?

그렇다면 계산기에는 하나의 숫자가 표시되어 있을 것이다.

이제 그 숫자를 맞혀보겠다.

그 숫자는 바로 '9'다!

여러분에게 물을 필요도 없는 물음을 던진다.

확실히 맞지요?

비밀풀기

이 방법을 쓰면 어떠한 경우에도 합계한 수는 '9'가 된다.

하나하나 나눈 숫자의 합을 알아맞히는 방법 정리

1. 8자리의 숫자를 생각하게 한다.(여기 서는 휴대폰 번호)

※ 생각하게 하는 숫자는 몇 자리 숫자 라도 상관이 없다.

2. 그 숫자를 하나하나 나누어서 나열 한다.

3. 2개 중 큰 숫자에서 작은 숫자를 뺀다.

4. 그 답을 하나하나 나누어서 1자리 숫 자가 될 때까지 더한다.

5. 더한 합계는 반드시 9가 된다.

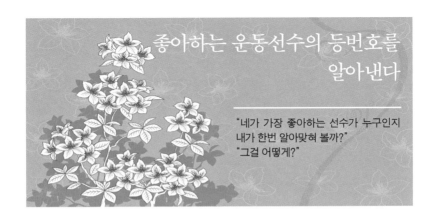

좋아하는 운동선수의 등번호를
알아낸다

"네가 가장 좋아하는 선수가 누구인지
내가 한번 알아맞혀 볼까?"
"그걸 어떻게?"

어떤 스포츠든 선수의 유니폼에는 반드시 자신을 나타내는 고유의 등번호가 있다. 프로야구 선수의 등번호는 곧 그 선수를 가리키고 이름을 들으면 등번호가 떠오르기도 하는데 선수의 이름 대신 등번호로 부르는 것을 우리는 곧잘 본다.

그러나 어느 특정 선수의 열렬한 팬이 아니면 선수의 이름과 등번호를 모두 알고 있는 사람은 그다지 많지 않을 것이다. 아니 어느 선수를 좋아한다고 해도 백넘버까지 알고 있는 사람은 많지 않을 것이다. 그러니 보통 사람이 어느 선수의 백넘버를 외운다는 것은 쉽지가 않다.

야구의 열렬한 팬인 K양이 남자친구인 Y군에게 야구구경을 가자고 했다. 그런데, Y군은 야구를 별로 좋아하지 않는 타입의 사람이었다. 그래도 유명한 선수의 이름 몇 명은 알고 있었지만 열광적인 팬인 K양에 비하면 거의 아무 것도 모른다고 하는 것이 맞을 듯하다.

많은 팀들 가운데 K양이 가장 좋아하는 팀은 자신의 연고지 팀인 LG팀이었고 가장 좋아하는 선수도 연고팀에 있는 LG선수였다. Y군은 야구를 좋아하지 않는 터라 자신의 연고팀을 생각해 본 적도 없었고 특별히 좋아하는 선수도 없었다. 그는 야구보다 축구와 농구를 좋아하고 있어 그쪽의 선수들을 여러 명 좋아하고 어느 선수의 팬임을 자처하기도 했지만 야구는 거의 불모에 가까운 사람이었다.

두 사람은 내야석에 앉아 야구경기가 시작되길 기다렸다. 그런데 아무래도 K양이 좋아하는 선수는 부상을 당했는지 오늘 스타팅 멤버로 뛰지 않는 듯했다.

Y군은 한번 그 선수가 누구인지를 등번호를 알아내 맞혀보기로 했다.

"네가 가장 좋아하는 선수가 누구인지 내가 한번 알아맞혀 볼까?"

"……."

"알아맞혀봐?"

"그걸 어떻게?"

"알아내는 방법이 있지. 족집게처럼 말이야."

"정말?"

K양은 흥미롭다는 듯이 Y군을 바라보았다.

1군 등록선수는 다 합쳐서 25명. 이들 전원이 지금 벤치에 앉아 있다. K양이 좋아하는 선수는 그 중의 한 명이기 때문에 Y군이 맞힐 수 있는 확률은 25분의 1임을 알 수 있다. 하지만 지금 Y군에겐 확률 따위는 관계가 없다. 자신은 K양이 좋아하는 선수의 등번호를 맞히자는 것이 목적이고 그것을 간단히 알아낼 수 있는 방법을 이미 터득하고 있었기 때문에 선수가 100명이어서 100분의 일이든 그보다 더 적은 확률이든 상관이 없다는 이야기이다.

"네가 좋아하는 선수가 누구인지 내가 맞힌다면 어떻게 할래?"

Y군은 의기양양했다.

"저 여러 명 선수 중에 그걸 어떻게 맞힌다는 거지? 내가 좋아하는 선수가 스타선수라는 것을 짐작하고 그 몇 명 중에 하나를 짐작해서 말하려는 것이지?"

"그렇게 의심이 간다면 아무 후보 선수라도 좋으니까 한 사람을 마음속으로 생각하고 있어. 내가 그 사람을 맞힐 테니까. 어때? 그래도 의심할래?"

"아냐, 내가 좋아하는 선수로 그냥 할 테니까 맞혀봐. 맞히면 경기 끝나고 내가 확실하게 쏠게. 그러면 됐지?"

"정말이지? 두말하기 없기다?"

"물론."

Y군은 휴대폰을 내밀었다.

"이게 뭐야? 휴대폰은 왜?"

"계산기가 필요하거든. 휴대폰계산기를 이용해야겠어."

"좋아."

K양은 휴대폰을 받아들었다.

"제일 먼저 네가 좋아하는 선수의 등번호, 즉 백넘버의 숫자에 2를 곱해 봐."

K양은 Y군이 시키는 대로 했다.

"2를 곱했으면 이젠 그 숫자에다 2를 더해 봐."

K양은 휴대폰계산기를 Y군이 볼 수 없도록 가리고서 단추를 눌렀다.

"더했어."

"그럼 이번엔 그 숫자에다 5를 곱하는 거야."

"알았어. …다음에는?"

"다음엔 그 숫자에다 5를 더하고서 그 숫자가 얼마인지 나한테 가르쳐 주면 돼."

K양은 계산을 다 마치고서 말했다.

"나온 숫자는 135인데?"

"그래?"

Y군은 그 숫자를 듣고 뭔가 머릿속에서 생각하더니 팸플릿을 통해 그녀가 가장 좋아하는 선수의 이름을 찾았다.

"알았어. 네가 제일 좋아하는 선수는 ○○선수야. 그리고 백넘버는 12번이고 말이야."

"어머!"

그녀는 도저히 믿을 수 없다는 표정을 지었다. 그런 표정을 보고서 Y군은 의기양양한 표정을 지으며 말했다.

"기가 막히지? 내가 이런 사람이야."

"그걸 어떻게 알았어? 정말 귀신이네!"

"귀신이지."

"비법이 뭐야?"

"쉽게 가르쳐 줄 수가 없지."

"정말 비법이 뭐냐니까? 응? 어떻게 알았어?"

Y군은 그러나 웃기만 할 뿐 방법을 말해주지 않았다.

"맞히면 경기 끝나고 쏜다고 했지?"

"알았어. 약속이니까 지킬게. 그런데 어떻게 알았느냐니까?"

"이따 저녁 먹으면서 이야기해줄게. 경기가 시작되니까 우선 경기에 집중하자고."

K양은 Y군의 말을 받아들이기로 했다.

그러나 궁금증에 매달린 그녀는 야구경기가 시작이 되었는데도 야구 경기를 관람하는 것은 안중에도 없었다.

몇 번의 공식과 같은 곱셈, 덧셈을 해서 백넘버를 알아낸다는 것이 보통 신기한 일이 아니었다.

그렇다면 Y군은 어떻게 계산을 한 것일까? 여러분도 아마 궁금해 할 것이니 뜸을 들이지 않고 말하겠다.

비밀풀기

마지막에 나온 숫자에서 15를 빼고 난 다음에 그 숫자를 10으로 나누면, 바로 처음에 K양이 생각한 선수의 등번호 숫자가 된다.

좋아하는 운동선수의 등번호를 알아내는 방법 정리

1. 먼저 좋아하는 선수의 등번호, 즉 백넘버의 숫자를 생각하게 한다.(여기서 K양이 좋아하는 선수의 백넘버는 12)

2. 그 숫자에 2를 곱한다. 12×2=24

3. 그 숫자에 2를 더한다. 24+2=26

4. 그 숫자에 5를 곱한다. 26×5=130

5. 그 숫자에 5를 더한다. 130+5=135

6. 그 답에서 15를 빼고, 10으로 나누면 처음의 등번호가 된다. 135-15=120÷10=12

※ 여기서 생각하게 하는 숫자는 몇 자리 숫자라도 상관이 없고, 이 방법은 꼭 선수의 백넘버만 알아볼 수 있는 방법이 아니라 상대방의 나이도 알아내는 방법으로 사용할 수 있고 생일의 숫자(4월 15일이라면 415 등)를 알아내는 방법 등으로 응용해서 사용할 수 있다는 것을 알라. 그러니 상황과 분위기에 따라서 나이를 알아맞히는 것으로 활용을 하던 생일의 숫자를 알아보는 것으로 활용하든 이것은 전적으로 여러분의 자율에 맡기겠다.

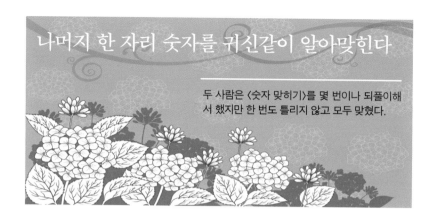

나머지 한 자리 숫자를 귀신같이 알아맞힌다

두 사람은 〈숫자 맞히기〉를 몇 번이나 되풀이해서 했지만 한 번도 틀리지 않고 모두 맞혔다.

데이트를 할 때 나누는 대화만큼 즐거운 시간은 없을 것이다. 그러나 대화의 화제가 바닥이 났을 때는 서먹서먹해져 어떤 이야기를 해야 될지 몰라 전전긍긍할 때가 있다. 이럴 때 분위기를 다잡고 즐거운 시간을 보낼 수 있은 방법이 있다면 이건 정말 보통 신나는 일이 아닐 것이다.

그런 사태에 대비해서 민수는 준비를 해둔 것이 있다. 이것은 자기만의 특기로 내세울 수 있을 정도로 남들은 할 수 없는 특기인 것이다. 그러자니 자연 민수의 초능력과 같은 것을 보면서 사람들은 감탄을 연발하게 된다. 사실 알고 보면 간단한 방법을 차입한 것에 불과한 것인데도 말이다. 하긴 모든 일이 알면 쉽고 모르면 어려운 것이니 간단한 방법이라고 간단하게 일축해 버릴 수는 없는 일이다.

"미영 씨, 내가 초능력을 가지고 있는데 그걸 한번 보여드릴까요?"

"초능력을 보인다구요?"

"그럼요. 아마 놀라실 걸요."

"민수 씨가 초능력을 보여주신다니 정말 의외네요. 그런 면도 있는 줄 몰랐어요."

"그럼 시작해 볼까요?"

민수는 자신의 휴대폰을 주머니에서 꺼내 미영에게 건네준다.

"이게 뭐예요?"

느닷없이 휴대폰을 건네자 미영은 영문을 모르겠다는 듯이 민수를 바라봤다.

"휴대폰 계산기죠. 그것이 바로 제가 초능력을 발휘하도록 도와주는 도우미입니다."

"그래요?"

미영은 호기심을 띠고서 민수가 건네준 휴대폰을 들고서 민수의 다음 말을 기다리고 있었다.

"이제부터 제가 하라는 대로 미영 씨는 따라해야 합니다."

"그러죠."

"그럼 먼저, 20에서 99까지 사이의 숫자 중에서 2자리 숫자를 생각해봐요."

"20에서 99까지 숫자 중에 아무 거나 하면 돼요?"

"네, 아무거나 생각나는 대로 정하십시오."

그러자 미영은 자기 생일 날짜인 27로 정하기로 했다.

"정했습니까?"

"네, 정했어요."

"그럼 그 숫자의 일 자리와 십 자리의 숫자를 더해주시겠습니까? 예를 들어 54를 정했으면 일 자리가 4, 십 자리가 5니까 4더하기 5는 9라는 식으로 말이죠."

미영은 민수의 설명을 듣고 2와 7을 머릿속에서 더하기를 했다. 9가 아닌가.

"그러면, 처음에 생각한 숫자에서 그 더하기를 한 숫자를 빼줄래요?"

이 정도의 계산이라면 계산기를 쓸 필요도 없이 간단한 암산으로도 가능하다고 생각을 했지만 이후 암산으로는 불가능한 어떤 어려운 문제가 진행될지 모른다는 생각에서 키를 두드렸다

미영이 처음에 생각한 숫자는 자기의 생일 날짜인 27이었다. 거기서 일 자리와 십 자리의 숫자를 더한 숫자 9를 빼자 계산기에는 18이라고 표시되어 있었다.

"다 됐습니까?"

"네."

"그러면, 그 답의 한쪽 숫자만 가르쳐 줄래요? 한쪽 숫자를 들으면 나머지 한쪽 숫자를 알 수 있겠는데요."

"한쪽 만요?"

미영은 1과 8의 어느 쪽을 민수에게 말할까 망설였지만 1이면 너

무 단순한 것 같아 8을 말했다.

"8이라고요?"

민수는 짐짓 놀라운 표정을 지었다.

"네, 8이요."

"으음, 8이라면….''

민수는 혼잣말을 중얼거리면서 잠시 생각에 잠기는 듯하더니 천천히 입을 열었다. 그리고 미영에게 시선을 돌리면서 말했다.

"또 하나의 숫자는 1, 1이 아닌가요?"

"어머! 맞았어요. 그런데 어떻게 맞혔죠? 정말 놀라운 일인데요."

"그래서 내가 초능력이라고 말했지 않습니까?"

"다시 한 번 해볼래요? 또 한 번 해봐요."

"얼마든지요. 백 번을 해봐도 결과는 마찬가지일 겁니다."

그 후 두 사람은 〈숫자 맞히기〉를 몇 번이나 되풀이해서 했지만 민수는 한 번도 틀리지 않고 모두 맞혔다.

"어떻게 했는지 가르쳐 줘요!"

그러나 민수는 미영에게 뜸을 들이면서 가르쳐 주질 않고 뽐내고 있었다.

과연 민수는 어떻게 해서 맞힐 수 있었던 것일까요?

비밀풀기

상대가 말한 숫자를 9에서 빼면 나머지 한 쪽의 숫자가 된다.

나머지 한 자리 숫자를 귀신같이 맞히는 방법 정리

1. 20에서 99까지의 2자리 숫자를 생각하게 한다.(상대가 자신의 생일인 27을 생각했다.)

2. 그 숫자의 일 자리와 십 자리를 더한다. 2+7=9

3. 처음에 생각한 숫자에서 위의 숫자 9를 뺀다. 27−9=18

4. 그리고 그 답의 한쪽을 물어본다. 일 자리든, 십 자리든 상관이 없다. (상대는 8을 대답함.)

5. 그 숫자를 9에서 빼면 또 한 쪽의 숫자가 된다. 9−8=1 (여기서 8을 대답하지 않고 1을 대답했으면 9−1=8, 그러니까 나머지 숫자는 80이 되는 것이다.)

나머지 2자리를 귀신같이 맞힌다

이미 앞에서 한 치도 허용하지 않는 놀라운 적중률로 검증이 끝나 있었기 때문에 미영은 이 불가사의한 게임을 거부할 수가 없었다.

미영은 민수가 숫자의 마술과 같은 방법을 가르쳐 주지 않자 토라져버렸다. 서먹서먹해진 분위기를 좋게 하고 자신의 새로운 능력을 보임으로써 환심을 사려던 의도는 미영의 토라짐으로 더 나쁜 결과를 초래할 것 같았다. 그러자 민수는 한 가지 더 보여주고선 그 다음에 방법을 가르쳐 주려고 했던 것이라고 둘러댔다.

"내가 왜 안 가르쳐 주는지 알아요?"

"뽐내고 싶어서겠죠."

"아뇨."

"그럼 왜 안 가르쳐 주는 거죠?"

"한 가지를 더 보여준 다음에 함께 가르쳐 드리려고요."

"정말요? 한 가지가 더 있어요?"

"네, 다른 걸로 한 번 더 해볼래요? 아주 재미있습니다."

"좋아요. 해봐요."

미영은 활짝 웃으면서 테이블에 놓인 휴대폰계산기를 빠르게 집어 들었다. 분위기는 처음 한쪽 숫자를 맞히는 방법을 할 때로 다시 돌아가 있었다.

"3자리 숫자로 다른 숫자로 된 숫자를 생각해 봐요. 가령 362라든가, 647이라든가 말이죠."

"이번에도 내가 생각한 숫자를 맞히는 건가요?"

"그렇습니다. 계산기를 사용해서 계산을 한 것을 제가 보질 않고 그것이 무엇인지 맞히는 것입니다."

"어떻게 그걸 맞히게 되는지 궁금해 죽겠어요. 정말 놀라운 일이에요."

"가르쳐 드릴 테니 어서 3자리의 다른 숫자로 된 숫자를 생각해 보세요."

"3자리 숫자이면서 다른 숫자라고 했죠?"

미영은 다시 호기심에 빠져버려 민수가 시키는 대로 하기 시작했다. 이미 앞에서 한 치도 허용하지 않는 놀라운 적중률로 이미 검증이 끝나 있었기 때문에 미영은 이 불가사의한 게임을 거부할 수가 없었다.

미영은 473이라는 숫자를 머릿속에 그렸다.

"이번에는 그 숫자의 백 자리와 일 자리를 거꾸로 한 숫자를 생각해 줄래요? 가령 347이라면, 743이라는 식으로."

미영이 생각한 473의 백 자리와 일 자리의 숫자를 거꾸로 하면 374가 된다.

"이것으로 2개의 3자리 숫자가 만들어진 거지요?(그러니까 미영이 생각한 숫자 473과 374, 2개의 3자리 숫자가 만들어진 것을 말함) 이 2개의 숫자에서 숫자가 큰 쪽에서 숫자가 작은 쪽을 빼주세요."

473과 374.

즉 473에서 374를 빼기하는 것이다.

숫자를 입력하고 답이 나왔다. 계산기에는 99라고 나와 있다.

"답이 나왔죠?"

"네, 나왔어요."

"그럼 그 답이 2자리인가요? 아니면 3자리인가요?"

여기서 2자리라고 말하면 그것은 물어보나마나 99이니 99라고 대답을 하면 된다. 그러나 상대가 2자리가 아닌 3자리가 나왔다고 했을 땐 다르다.

"3자리인데요."

"그러면 일 자리의 숫자를 가르쳐 주십시오. 그러면 계산기에 나와 있는 숫자를 알 수 있습니다."

이해가 쉽도록 미영이가 742를 불렀다고 생각하고 계산을 해보자.

미영이 생각한 숫자는 742. 이것을 거꾸로 하면 247이 된다. 이렇게 해서 2가지 숫자가 만들어졌다. 이 2가지 숫자에서 큰 숫자에서 작은 숫자를 뺀다.

742−247=495

"그 답이 3자리인가요? 2자리인가요?"

"3자리인데요."

"그럼 일 자리 숫자를 말씀해 보세요."

미영은 계산기에 나와 있는 일 자리 숫자를 확인하고 또렷이 말했다.

"일 자리의 숫자는 5!"

미영은 민수의 얼굴을 바라봤다. 과연 아까처럼 맞힐 수 있을까 하는 궁금증의 얼굴로. 분명 이번 문제는 3자리 문제로 아까와는 난이도가 다르기 때문이다.

그런 미영의 시선을 의식하면서 민수는 계산을 해나갔다. 아주 간단한 방법으로 이미 알아내고 있었지만 문제의 가치를 높이기 위해서 잠시 깊게 생각하는 태도를 취했다.

"계산기에 나와 있는 숫자는…, 왼쪽으로부터 불러드릴게요. 4, 9, 5가 맞지요?"

"어머!"

정답이었다. 미영은 놀란 나머지 입을 다물지 못하고 민수를 바라보았다.

민수는 그럼 어떤 방법을 사용한 것일까요? 미영은 궁금해서 참을 수가 없었습니다.

비밀풀기

이 방법을 사용하면 십 자리는 반드시 9가 되고 일 자리의 숫자나 백 자리의 불러준 숫자는 그 숫자를 더하면 9가 되는 숫자가 바로 정답이 된다. 따라서 일 자리를 묻지 않고 백 자리를 물어도 백 자리 숫자를 더해서 9가 되는 숫자가 일 자리임으로 그것을 이야기하면 된다. 여기서 일 자리가 '5'라고 했으니까 더해서 9가 되는 숫자는 4이기 때문에 이것이 정답이 된다.

나머지 2자리를 귀신같이 맞히는 방법 정리

1. 3자리 숫자를 생각하게 한다.

2. 그 숫자의 일 자리와 백 자리의 위치를 바꾼 숫자를 생각하게 한다.

3. 두 숫자 중 큰 숫자에서 작은 숫자를 뺀다.

4. 그 숫자가 2자리인지, 3자리인지를 물어본다.(2자리인 경우는 반드시 99가 된다. 3자리의 경우도 설명했다.)

5. 3자리 숫자라고 대답을 하면 일 자리의 숫자를 물어본다. 9에서 그 숫자를 빼 면 백 자리의 숫자가 된다.(백 자리 숫자를 물어봐도 방법은 같다.)

십 자리 숫자는 항상 '9'가 된다는 것을 잊지 마라.

세 명이 생각한 숫자를 동시에 맞히는 텔레파시

당신에게는 텔레파시 능력이라곤 하나
도 없다고 미리 포기하지 마라. 이 방법
만 마스터하면 당신은 초능력자가 된다.

나를 포함해 사람이 넷
이 모인 자리가 있을 때 당신
이 그들과 얼마만큼의 텔레파
시를 통할 수 있는가를 보여
주는 실험을 해보는 것은 어떨까? 분명 그들은 당신의 텔레파시 능
력 앞에서 화들짝 놀라 당신의 또 다른 면모를 발견할 것이다.

당신에게는 텔레파시 능력이라곤 하나도 없다고 미리 포기하지
마라. 이 방법만 마스터하면 당신은 초능력자가 된다. 그러니까 초
능력은 지니고 태어나는 것이 아니라 만들어진다는 사실이다.

흥미롭지 않은가?

초능력을 지닌다는 것이 그렇게 간단한 것이라면, 그리고 남들에
게 그 능력을 인정받아 항상 주목받으며 신기함으로 남들이 당신을
바라본다면 기분 좋은 일이 아닌가. 어려운 일도 아닌 지극히 간단
한 방법만 알고 있을 뿐인데도 말이다.

서술이 길면 김이 빠지는 법, 초능력을 발휘하는 방법에 궁금증이 후끈 달아오른 당신에게 이제부터 자세히 설명하고자 한다.

친구들끼리 모이면 내기를 통해 항상 이길 수 있는 재미있는 게임을 즐기는데 다른 3명이 각각 머릿속에 떠올린 숫자를 당신이 단번에 맞혀버리는 것이다. 여기서 내기를 할라치면 혹, 친구끼리 그럴 리는 없겠지만 나중에 오리발을 내미는 친구가 있을지 모르니 각자가 생각한 숫자를 메모하게 하는 것도 하나의 방법이라면 방법이겠다.

자, 준비해 둘 것은 휴대폰계산기 하나, 이거면 충분하다.

가령 당신 이외의 사람을 이해를 돕기 위해 편의상 A군, B군, C군이라고 해두자.

당신은 이렇게 시작하라.

"각자 저마다 1에서 9까지 아무 숫자나 한 가지만 정하고 있으면 돼. 5든 8이든 아무거나."

3명이 아무 숫자나 각자 정한 것이 확인되면 당신은 계속 진행을 해나간다.

"먼저 A군, 자네가 생각한 숫자에 2를 곱하게."

그러면서 A군에게 휴대폰계산기를 건네준다. 그러면 A군은 휴대폰을 넘겨받아 당신이 지시하는 대로 따른다.

"그 숫자에다 5를 더하고, …그런 다음에 그 숫자에다 다시 5를 곱하게."

그것이 끝나면 이번엔 B군 차례가 된다. 자연 계산기는 B군에게 넘어가는데 이때 당신은 휴대폰계산기에 나타난 그 숫자를 봐서는 절대 안 된다. 그들에게 당신이 숫자를 보고 알아맞힌다는 오해가 있을 수 있기 때문이다.

"자, B군. 거기에 표시되어 있는 숫자에 자네가 생각한 숫자를 더하게나. 그리고 그 숫자에 10을 곱하고."

이렇게 하면 B군의 할 일도 끝난다.

이번에는 C군에게 계산기가 넘어간다.

"자, C군. 이번에는 자네의 차례인데 그 숫자에다 자네가 생각한 숫자를 더하게나."

제기된 문제는 간단히도 여기서 종료가 된다.

"C군, 계산기에 나와 있는 숫자는 몇이지?"

답을 들으면서 당신은 휴대폰을 받는다. 그리고 한번 키를 움직인다.

"실은 나에게는 텔레파시가 있어서 자네들이 생각한 숫자를 모두 알아맞힐 수가 있지."

조용하게 이야기한 후 답을 말한다.

"A군이 생각한 숫자는 6, B군은 8, C군은 9이구만."

세 사람은 놀라움을 감추지 못하고 자신은 맞았는데 다른 사람들은 어떠한가 하고 쳐다본다. 그러나 다른 사람들의 표정에서 이미 맞았음을 물어보지 않아도 짐작할 수가 있었다.

당신이 말한 답이 모두 맞았다.

비밀풀기

마지막 숫자에서 250을 빼면 된다. 백 자리 숫자가 A, 십 자리 숫자가 B, 일 자리 숫자가 C가 된다.

세 명이 생각한 숫자를 동시에 맞히는 텔레파시를 알아맞히는 방법 정리

1. 세 명(A군, B군, C군)에게 각각 1에서 9까지의 숫자를 생각하게 한다. 이해를 돕기 위해 A군은 6을 생각하고 B군은 8을 생각하고 C군은 9를 생각했다고 가정을 하고 풀어간다.

2. A군에게 계산기를 주고 A군이 생각한 숫자에 2를 곱하게 한다. 6×2=12

3. 그 답에 5를 더하게 한다. 12+5=17

4. 그 답에 5를 곱하게 한다. 17×5=85

5. 다음 계산기를 B군에게 주고 B군이 생각한 숫자 8을 더하게 한다. 85+8=93

6. 그 답에 10을 곱하게 한다. 93×10=930

7. 이젠 그 계산기를 C군에게 주고 C군이 생각한 숫자 9를 더하게 한다. 930+9=939

8. 그 답에서 250을 빼면 ABC의 순서로 숫자가 나온다. 939−250=689. 6, 8, 9가 차례대로 A, B, C의 순서이다.

덧셈의 합계를 예상하고 맞힌다

다시 한 번 계산기에 표시된 숫자를 들여다보니 바로 계산기의 숫자와 그 사람이 써놓은 숫자가 일치되어 있었다. 대체 그 사람은 어떤 방법으로 계산을 했기에 이토록 빨리 계산을 끝낸 것일까요?

홍규의 친구 중에 암산의 천재라고 불리는 사람이 있다. 어렸을 때부터 어찌나 암산이 뛰어나던지 사람들이 혀를 내두를 정도였다.

사람들은 그를 가리켜 암산의 천재라 불렀고 그의 비상한 머리에 칭찬을 아끼지 않았다. 그런데 홍규는 그런 친구보다 더 뛰어난 사람을 발견하고서 매우 놀랐다. 바로 어느 자리에서였는데 홍규는 이야기를 나누던 끝에 암산의 천재라는 친구를 자랑하였고 그 이야기를 듣던 어느 사람이 이렇게 말하는 것이었다.

"나는 암산은 잘 못하지만, 처음 숫자만 보면 그 합계를 금방 예상할 수 있지요. 아무리 계산을 빨리 하는 사람도 내 계산을 따라오지 못한다는 것입니다. 그들보다 더 빨리 할 수 있다니까요."

"그래요? 그게 정말입니까?"

"놀라시는 것을 보니 믿어지지 않는 모양이군요."

"사실은 좀 그렇습니다. 제 친구도 암산이 엄청 빨라 그 친구보다 빨리 계산하는 사람이 없는 줄 알고 있었는데 당신이 그렇다니 솔직히 믿기가 어렵습니다."

"그렇다면 증명을 해드리는 방법밖에 없군요. 그렇지 않으면 저를 거짓말쟁이로 생각하실지 모르니까요."

그 초면의 사람은 주머니에서 종이와 만년필을 꺼내면서 말하는 것이었다. 그 사람은 말했다.

"여기에 4자리 숫자를 써주십시오. 어떤 숫자라도 4자리이기만 하면 상관이 없습니다."

그 말을 듣고 홍규는 받은 종이에다 그냥 생각이 집히는 대로 6513이라고 적었다.

"6513이라고 적으셨습니까?"

그렇게 말하면서 그 사람은 종이의 뒷면에다 무언가 숫자를 적고 있었다. 그리고 홍규의 옆에 있는 사람을 향해 또 이렇게 말한다.

"당신도 이 사람이 적은 것처럼 그 밑에 아무 숫자나 생각나는 대로 4자리의 숫자를 적어주십시오."

그 말을 들은 사람은 홍규의 숫자 밑에다 홍규와 마찬가지로 그냥 떠오르는 대로 2497이라고 적었다. 이렇게 해서 2개의 4자리 숫자가 만들어졌다.

"그런 저도 하나 적겠습니다."

그렇게 말한 그 사람은 7502라고 적었다. 이렇게 해서 3가지 숫자가 만들어졌는데 그 사람은 또 요구를 하는 것이었다.

"또 하나 적어 주시겠습니까? 4자리 숫자라면 어떤 숫자라도 상관이 없으니 편안히 쓰십시오."

홍규는 다시 숫자를 적어나갔다. 이번엔 3175를 선택해 적었다.

"마지막으로 제가 하나 더 적겠습니다."

그렇게 말하고는 6824라고 적었다.

"이것으로 되었습니다. 이것을 합계해 봅시다."

그렇게 말하면서 그 사람은 주머니에서 계산기를 꺼내 홍규에게 내미는 것이었다.

"이 계산기로 지금까지 적은 숫자를 더해주시겠습니까?"

홍규는 계산기를 받고 그 숫자들을 더하기 시작했다. 계산을 끝내자 합계가 26511이라고 표시되었다. 그 사람은 계산기를 보지 않고서도 말하는 것이었다.

"합계는 26511이지요?"

"맞습니다! 그런데, 벌써 암산으로 계산을 끝내셨다는 말씀인가요?"

홍규는 그 사람이 암산으로 계산을 끝낸 것인 줄 알고서 놀란 듯이 물었다. 그렇다면 자신이 알고 있는 친구의 암산능력보다 훨씬 뛰어난 것이 틀림없다.

"아뇨, 저는 암산은 잘 못합니다."

"그런데 어떻게 그렇게 빨리….."

의아해 하는 홍규에게 그 사람은 숫자가 쓰여 있는 종이를 거꾸로 뒤집어 보였다.

"자, 여기에 26511이라고 쓰여 있지요? 처음 숫자를 봤을 때, 이 계산의 합산이 얼마인지 나는 벌써 알고 있어서 여기에다 적어둔 것입니다."

홍규가 다시 한 번 계산기에 표시된 숫자를 들여다보니 바로 계산기의 숫자와 그 사람이 써놓은 숫자가 일치되어 있었다.

대체 그 사람은 어떤 방법으로 계산을 했기에 이토록 빨리 계산을 끝낸 것일까요?

비밀풀기

예상하는 답은 처음에 적은 4자리 숫자의 머리에 2를 붙이고 일 자리에서 2를 뺀 숫자를 적으면 된다. 2인 경우에는 0을, 1인 경우에는 11에서 2를 뺀 9, 0인 경우는 10에서 2를 뺀 8을 적는다.

◆ 숫자를 적어놓은 순서

```
  6513……홍규
  2497……옆 사람
  7502……그 사람
  3175……홍규
+ 6824……그 사람
─────────────
     ?
```

◆ 숫자를 쓰는 방법의 예

1. 6513 쓰게 한다.
2. 2497 쓰게 한다.
3. 7502 위의 숫자에 맞혀서 2의 밑에는 더해서 9가 되는 7, 4의 밑에는 더해서 9가 되는 5처럼, 더해서 9가 될 숫자를 적는다.
4. 3175 쓰게 한다.
5. 6824 세 번째와 같은 요령으로 적는다.

덧셈의 합계를 예상하고 맞히는 방법 정리

1. 자유롭게 4자리의 숫자를 종이에 쓰게 한다.(여기에서 상대는 6513을 썼다.)
2. 당신은 그 숫자의 머리 숫자에 2를 붙이고, 일 자리에서 2를 뺀 숫자를 종이의 뒷면에 적는다. 그러니까 6513의 앞머리에다 2를 붙이고(그러면 숫자가 26513이 된다) 일 자리에서 2를 뺀 숫자(26513의 일 자리는 3이므로 거기에서 2를 뺀 숫자는 1이 되므로 26511, 이것이 예상하는 정답임)가 정답이니 종이의 뒷면에 미리 적어놓는다.
3. 종이를 원래대로 하고 1번의 숫자 밑에 누군가에게 숫자를 쓰게 한다. 여기선 2497을 썼다. 이 사람 밑에 당신이 숫자를 써야하는데 당신이 써야 할 숫자는 2497

을 쓴 숫자에 무조건 9가 되는 숫자를 쓰면 된다. 2가 9가 되려면 7, 4가 9가 되려면 5, 9는 0이 되면 7이 9가 되려면 2. 그래서 7502를 쓴다.

4. 그 숫자 밑에 당신이 숫자를 적는데, 그때 각각 위의 숫자에 더하면 9가 되는 숫자를 적는다.(3번 설명참조)

5. 그 밑에 또 누군가에게 숫자를 쓰게 한다. 3175를 썼음.

6. 그 밑에 당신이 4번과 같은 방법으로 숫자를 적는다. 3번 설명처럼 또 다른 사람이 쓴 3175를 쓴 숫자에 무조건 9가 되는 숫자를 쓴다. 그렇게 써진 숫자는 6824.

7. 합계를 하면 처음 뒷면에 적어 둔 숫자와 일치한다.

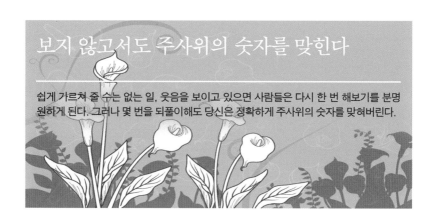

보지 않고서도 주사위의 숫자를 맞힌다

쉽게 가르쳐 줄 수는 없는 일, 웃음을 보이고 있으면 사람들은 다시 한 번 해보기를 분명
원하게 된다. 그러나 몇 번을 되풀이해도 당신은 정확하게 주사위의 숫자를 맞혀버린다.

이 책에서 숫자를 알아맞히는 방법은 다양하게 나타나고 있
다. 그 다양함에서 주사위를 가지고서 하는 놀이가 있다면 이것도
흥미롭다. 무슨 이야기인가 하면 숫자에 관계된 것이라면 주사위이

든 카드든 상관이 없다는 이야기이다.

자, 이제 주사위를 이용해서 그 숫자가 어떤 것인지 맞히는 문제인데 먼저 이 놀이를 하려면 주사위 2개가 필요하다. 주사위가 하나라도 되지만 좀 더 흥미를 가지고 난이도를 높게 보이기 위해서 가능하면 2개의 주사위를 가지고 하는 것이 사람들에게 더욱 흥미를 주게 된다.

이렇게 주사위를 이용해서 게임을 익히게 되면 당신은 주사위의 숫자를 맞히는 불가사의한 능력을 가진 자로 변신하게 된다.

이 게임을 할 때, 상대는 몇 명이라도 상관이 없는데 가급적 많은 사람들이 있는 가운데서 하는 것이 좋다. 그래야 당신의 능력이 더욱 빛을 발하게 될 것이 아닌가.

많은 사람들이 지켜보는 가운데서 먼저 당신은 천천히 이렇게 말한다.

"내가 이 2개의 주사위에서 나온 숫자를 보지 않고 한번 맞힐 테니 지켜보십시오."

그리고는 주사위를 상대에게 준다.

"내가 뒤돌아 서 있을 테니까 내가 모르도록 2개의 주사위를 흔들어 주세요."

그리곤 천천히 뒤돌아선다.

물론 내가 알 수 없도록 하기만 하면 되니까 그릇에 넣고 흔들어도 되고 공중에 던져서 해도 되고 손으로 감춰서 손안에 넣고 흔들어도 이것은 상관이 없다. 상대는 내가 숫자를 알아보지 못하도록 하기만 하면 되니까.

　상대는 나의 지시에 따라 2개의 주사위를 흔들어댔다.

　"주사위에 각각 숫자가 나왔지요? 그럼 어느 한쪽의 숫자에 2를
곱해 주십시오. 어느 숫자이든 상관이 없으니까 하나를 선택해 선
택한 주사위 숫자에다 2를 곱하는 것입니다."

　주사위의 숫자는 1에서 6까지이니까 이 계산은 쉽게 할 수 있을
것이란 짐작이다. 사람들은 이미 상대와 마찬가지로 주사위 숫자를
알고 있으면서 관심 있게 상대가 계산하는 계산기를 유심히 들여다
보고 있었다.

　"그 답에다 이번에는 5를 더해 주십시오."

　과연 주사위의 2개 숫자를 알아낼 수 있을지 궁금해 하면서 조심
스럽게 눌러댔다.

"됐습니까? 그러면 다음엔 그 답에다 5를 곱해 주시기 바랍니다."

여기까지는 암산으로도 충분하지만 이후 진행이 어떻게 복잡하게 전개될지 몰라 계산기를 열심히 두드려댔다.

"됐나요?"

"예, 됐습니다."

"그럼 마지막으로 또 한 쪽의 숫자를 더해 주십시오."

이것으로 상대가 하는 일은 모두 끝이 났다.

"자, 전부 몇이 되었지요?"

마지막으로 나온 숫자를 물어본다. 예를 들어 상대가 '71'하고 대답했다고 가정하자. 당신은 이 숫자를 듣고 두 번, 세 번쯤 고개를 끄덕이면서 이렇게 말한다.

"주사위의 숫자는 4와 6입니다."

이 대답을 듣고 상대는 깜짝 놀랄 것이다. 왜냐하면 놀랍게 적중했기 때문이다.

"어떻게 알았지요?"

상대와 주위에서 구경을 하고 있던 모든 사람들은 의아한 눈초리로 당신을 쳐다볼 것이다. 그리고는 어떻게 알아냈는지 당신에게 틀림없이 물어볼 것이다. 그러나 쉽게 가르쳐 줄 수는 없는 일, 웃음을 보이고 있으면 사람들은 다시 한 번 해보기를 분명 원하게 된다. 어쩜 우연으로 맞힌 것일지도 모른다는 생각에서 말이다.

그러나 몇 번을 되풀이해도 당신은 정확하게 주사위의 숫자를 맞혀버린다. 의심의 여지는 없어지고 이젠 사람들의 관심은 그 방법을 알려주길 원하는 것이다. 그 방법을 알려주건 알려주지 않건 그것은 당신의 자유이기 때문에 뭐라 말하기는 어렵다.

그렇다면 어떻게 해서 숫자를 알아냈을까?

비밀풀기

마지막 숫자에서 25를 뺀 숫자가 주사위의 각각의 숫자가 된다.

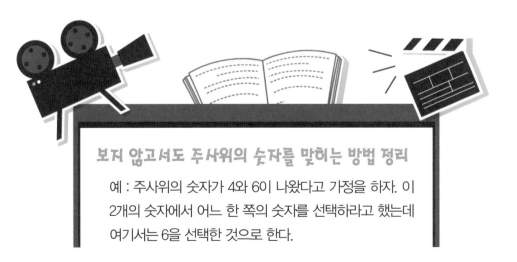

보지 않고서도 주사위의 숫자를 맞히는 방법 정리

예 : 주사위의 숫자가 4와 6이 나왔다고 가정을 하자. 이 2개의 숫자에서 어느 한 쪽의 숫자를 선택하라고 했는데 여기서는 6을 선택한 것으로 한다.

1. 어느 한 쪽의 주사위의 숫자에 2를 곱한다. 6×2=12

2. 그 답에 5를 더한다. 12+5=17

3. 그 답에 5를 곱한다. 17×5=85

4. 그 답에 또 하나의 주사위의 숫자를 더한다.
   85+4(또 하나의 숫자)=89

5. 그 숫자를 물어보고 그 숫자
   에서 25를 빼면 그 숫자의
   각각이 주사위의 숫자와 일
   치된다. 89-25=64. 주사위
   의 숫자는 이래서 각각 6과 4임
   을 알 수 있게 된다.

두 번 해서는 안 되는 계산

아쉽게도 그 부탁을 들어줄 수가 없었다. 왜냐하면 이 문제는 어떤 숫자를 생각해내도 답은 언제나 하나로 나타나기 때문이다.

여학생 세 명과 남학생 세 명이 휴일 날 함께 야외로 놀러가기로 하였다. 그들은 한 학교 동아리 멤버로서 평소에도 친숙하게 지내던 친구사이였다.

거기에서 한 남학생이 뭔가 튀는 행동을 보임으로써 친구들의 관심을 끌 수 있는 방법이 없을까를 고민하던 중 자신이 가지고 있는 특기를 발휘할 기회를 만들기로 했다.

"내가 지금부터 아주 재미있는 문제를 낼 테니까 한번 풀어볼래?"

"그게 뭔데?"

가장 먼저 관심을 보인 여학생은 학교에서 친구들에게 가장 인기가 많은 여학생이었다. 그러니 더욱 신이 나고 적극적일 수밖에 없었다.

"너희들 여자 셋이 서로 상의를 해서 다른 숫자로 3자리 숫자를 생각해 주도록 해. 나한테는 그 숫자를 말하지 말고 세 사람만 알고 있도록."

그러자 세 여학생은 재미있는 일이 있을 것 같은 예감을 느끼고 관심을 보이면서 서로 소곤소곤 의논을 하더니 347이라는 숫자를 생각해냈다.

"생각해냈어?"

"음, 생각해냈어."

"그럼 이번에는 너희들이 생각한 그 숫자의 순서를 거꾸로 해."

347을 거꾸로 한다. 그렇다면 743이 아닌가.

"자, 됐으면 그 3가지 숫자 중 큰 숫자에서 작은 숫자를 빼주도록 해."

큰 숫자는 743, 작은 숫자는 처음에 생각한 숫자 347. 따라서 743에서 347을 빼면 된다. 그러자 그 답은 396이 되었다.

"그 답은 2자리? 아니면 3자리?"

그렇게 묻자 '3자리인데'하는 대답이 나왔다.

"3자리라. 그렇다면 그 숫자에 그 숫자의 순서를 거꾸로 한 숫자를 더해 줘. 답은 내가 말할 거니까 절대로 먼저 말하면 안 돼."

여학생들은 점점 진행이 되어 갈수록 흥미를 갖기 시작했다.

계산기에 표시되어 있는 숫자는 396이니까 거꾸로 한 숫자는 693. 이 숫자를 396에 더하라는 이야기다.

693+396=1089

"다 됐어?"

"응, 다 됐어."

"그러면 내가 그 숫자를 맞혀볼게."

그 남학생은 무언가를 생각하는 듯 눈을 지그시 감고는 뜸을 들이고 있었다. 이것은 이 문제가 결코 쉽지 않은데 자신이 맞춘다는 일종의 액션이니 별 중요한 것은 아니다. 그 남학생은 이미 답을 알고 있고 모든 행동은 그저 형식적일 뿐이다. 그 자리에 있던 학생들 모두의 시선이 이 남학생에게로 쏠렸다. 이윽고 그 남학생이 천천히 입을 열었다.

"…그 숫자는 1089. 맞아?"

"어머!"

세 여학생은 동시에 놀라면서 감탄의 탄성을 질렀고 박수를 마구 쳐대며 환호했다.

"어떻게 알아냈니? 정말 신기하네. 다시 한 번 해봐!"

여학생들은 진짜 놀란 얼굴을 하면서 잔뜩 호기심을 보였다. 하지만 아쉽게도 그 부탁을 들어줄 수가 없었다. 왜냐하면 이 문제는 어떤 숫자를 생각해내도 답은 항상 하나로 나타나기 때문이다.

"이 놀이는 한 번만 하는 게 재미있지 여러 번 하면 재미가 없어."

이렇게 말하면서 그 남학생은 정중하게 사양했다.

비밀풀기

이 방법을 사용하면 어떤 경우에도 답은 1089가 된다. 중간에 '2자리가 되었을 경우'에도 그 숫자에 990을 더하게 한다.

두 번을 해서는 안 되는 계산의 방법 정리

1. 먼저 상대방에게 3자리 숫자를 생각하게 한다.

2. 일 자리를 백 자리에, 백 자리를 일 자리에, 그 숫자의 순서를 바꾸게 한다.

3. 2가지 숫자 중에서 큰 숫자에서 작은 숫자를 뺀다.

4. 그 답이 2자리인지 3자리인지를 물어본다.(이 경우에는 3자리, 2자리인 경우에는 아래의 ※를 참조)

5. 3자리인 경우 2번과 같이 그 답의 숫자의 순서를 바꾸게 한다.

6. 그리고 바꾼 숫자와 이전의 숫자를 더하게 한다.

7. 그 답은 어떠한 경우에도 동일한 1089가 된다.

※ 2자리인 경우에는 그 숫자에 990을 더하게 한다. 그러면 답은 7번처럼 1089가 된다.

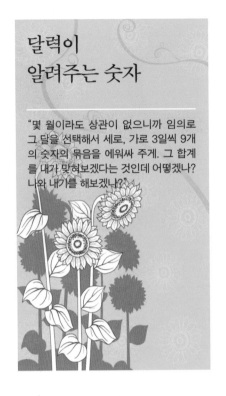

달력이 알려주는 숫자

"몇 월이라도 상관이 없으니까 임의로 그 달을 선택해서 세로, 가로 3일씩 9개의 숫자의 묶음을 에워싸 주게. 그 합계를 내가 맞혀보겠다는 것인데 어떻겠나? 나와 내기를 해보겠나?"

제약회사 영업부 과장인 경태는 월말정산을 끝내고서 부하직원들과 회식을 갖게 되었다. 지난 한 달 동안 영업실적이 향상되어 특별히 회사에서 배려한 회식자리였다. 이런 회식자리는 여러 번 있었으나 오늘은 영업실적이 크게 올라 보통 때와는 다르게 분위기가 아주 고조되어 모두가 즐거운 얼굴들이었다.

처음엔 회사업무에 관한 이야기가 화제의 대부분이었으나 점차 시간이 지나면서 일반적인 대화로 떠들썩해지기 시작했다.

"과장님, 이번 달 실적이 많이 올랐는데 그냥 여기서 1차로 끝나는 것은 아니겠죠?"

어느 정도 회식이 마무리가 되어가자 한 직원이 말했다.

"오늘은 월말정산을 끝낸 날이야. 한 달 동안 열심히 일했으니까 오늘은 간단히 하고 일찍 집에 들어가 쉬는 게 좋아. 며칠 지나서 내가 다시 한 번 좋은 자리를 마련할 테니까."

"과장님! 그러지 마시고 간단히."

"글쎄 오늘은 안 된다니까."

"이 사람아, 언제 과장님이 회식 날 2차를 가시는 것 봤나? 그러니 졸라봐야 말짱 헛수고라고."

"그래도 이번 달은 영업실적이 아주 좋았지 않나?"

2차를 기대하는 기대파가 있었는가 하면 전혀 기대하지 않는 체념파가 있었다. 하지만 체념파보다 기대파가 훨씬 많았다. 이쯤 되자 경태는 빠져나갈 궁리를 하지 않을 수 없게 되었다.

그때 경태에게 묘안이 생겼다. 아무도 하지 못하는 계산법을 알고 있는데 그걸 이용해 직원들과 내기를 한 다음에 그 내기에 이겨 빠져나가는 방법이었다.

"그렇다면 좋아. 그 대신 내기를 하는 거야. 그 내기에서 자네들이 나를 이기면 2차를 갈 것이고 만일 그러지 못하면 여기서 끝내는 거야."

"무슨 내기인데요?"

"먼저 문제 제기를 하지. 그런 다음 자네들이 내기에 참여한다면 이 내기는 성립되는 것이고 그렇지 않으면 여기서 1차로 간단히 끝내는 거야."

"일방적인 문제를 내서 저희를 꼼짝달싹 못하게 하시려는 것은 아니시겠죠?"

"그러니까 먼저 문제를 낼 테니 할 의사가 있는지 없는지 정하라는 거야."

"좋습니다. 어차피 밑져야 본전인데 한번 들어보죠."

경태는 잠시 숨을 고르더니 천천히 입을 열었다.

"누구 여기 수첩에 일 년 동안의 달력이 있는 사람 있는가?"

"갑자기 일 년 동안의 달력은 왜요?"

"글쎄, 달력 있는 사람이 있느냐고?"

"달력이야 있죠. 영업사원의 수첩에 달력이 없는 사람이 있으면 나와 보라고 하세요."

"그렇담 누가 그 수첩을 꺼내 한번 펼쳐봐. 아무 달이나 좋으니까 마음에 드는 달을 한번 펼쳐봐."

경태는 부하직원들이 자신의 작전에 점점 빠져들자 회심의 미소를 짓기 시작하였다.

수첩을 꺼내 맨 처음 달력을 펼쳐든 사람은 바로 자신의 직속부하인 김 대리였다.

"몇 월이라도 상관이 없으니까 임의로 그 달을 선택해서 세로, 가로 3일씩 9개의 숫자의 묶음을 에워싸 주게. 나한테는 보이지 않도록. 그 합계를 내가 맞혀보겠다는 것인데 어떻겠나? 이게 내가 내려는 문제인데 나와 내기를 해보겠나?"

"보지 않고서도 그걸 맞히신다는 말씀인가요?"

"물론!"

"어떤 숫자를 선택하는지도 모르시고서 그 합계를 맞히신다고요? 에이, 말도 안 되는 말씀 그만 하세요."

그러나 김 대리의 부정에도 불구하고 여러 직원들은 호기심 어린 얼굴로 연호를 하기 시작한다.

"내기 해! 내기 해!"

직원들은 어림없다는 듯, 그것이 어떻게 가능하겠느냐는 듯 자신만만했다. 이제 대세는 내기로 굳어졌고 모든 영업부직원과 경태와 나뉜 싸움의 형세가 되었다.

"그럼 누가 대표로 나와서 내가 지시하는 대로 해봐. 그 숫자의 합을 맞힐 테니까."

그러자 직원들은 대표로 김 대리를 지목했다. 그러자 김 대리가 나섰다.

"김 대리, 시작할 준비는 되었나?"

"물론입니다."

"그럼 수첩을 펴서 아무 달이나 고르게."

"그러죠."

김 대리는 7월의 달력을 펼쳤다.

일	월	화	수	목	금	토
						1
2	3	4	5	6	7	8
9	10	11	12	13	14	15
16	17	18	19	20	21	22
23	24	25	26	27	28	29
30						

"그 달력에서 어떤 것이든 좋으니까 세로, 가로 3일씩 9개의 숫자의 묶음을 에워싸 주게."

김 대리는 수첩의 달력을 보더니 눈으로 7월의 5일부터 세로, 가로 3일씩 9개의 숫자의 묶음을 에워쌌다.(위의 그림참조)

그러자 경태는 계산기를 꺼내 김 대리에게 건넸다.

"이 계산기로 그 에워싼 9개의 숫자를 더해 보게. 그 답을 내가 말하겠네."

7월 5일을 중심으로 9개를 에워싸면, 둘째 주의 5일, 6일, 7일, 셋째 주의 12일, 13일, 14일, 그리고 넷째 주의 19일, 20일, 21일이 된다. 경태가 말한 뜻은 김 대리에게 이들의 숫자를 모두 더하라는 것이다.

5+6+7+12+13+14+19+20+21=117

김 대리는 경태가 시키는 대로 이 숫자들을 차례대로 모두 더했다. 합계는 117이다.

"다 되었나? 그러면 에워싼 9개 숫자 중에서 가장 작은 숫자만 하나 가르쳐 주게."

김 대리는 그 많은 숫자에서 그까짓 작은 숫자하나 가르쳐 주는 것이 뭐가 대수인양 얼른 말했다.

"5인데요."

경태는 이야기를 들으면서 곁에 있는 직원의 계산기를 빌려 계산을 해나갔다.

"5란 말이지? 그렇다면, 합계는 보나마나 117이군. 어때 맞았지?"

김 대리는 경태가 귀신처럼 맞추자 입을 다물지를 못했다. 주위에 있던 모든 직원들도 이것을 확인하곤 신기한 함성과 아쉬운 함성을 함께 올려댔다.

"하하하, 이젠 2차를 가자는 이야긴 안 하겠지? 그동안 너무 수고했어. 피곤할 테니 오늘은 일찍들 들어가서 쉬도록 해. 며칠 후에 내가 부장님께 이야기해서 근사하게 회식을 시켜줄 테니까."

이미 2차는 물 건너 간 것을 안 직원들은 그저 신기한 듯 경태만을 바라보고 있었다.

도대체 어떻게 계산을 한 것일까?

비밀풀기

간단하다. 상대가 말한 가장 작은 숫자에 9를 곱하고 72를 더하면 합계의 수가 나온다.

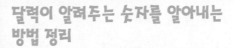

달력이 알려주는 숫자를 알아내는 방법 정리

1. 달력에서 아무 달이나 선택하게 한다.

2. 그 달의 3일 연속 3주치를 총 9일을 하나의 묶음으로 에워싸게 한다.

3. 선택한 9개의 숫자를 모두 더하게 한다.

4. 9개의 숫자 중에서 가장 작은 숫자를 물어본다.

5. 그 숫자에 9를 곱하고 72를 더하면 합계의 수와 일치된다.

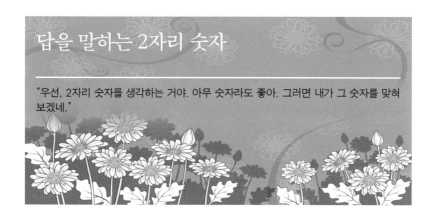

답을 말하는 2자리 숫자

"우선, 2자리 숫자를 생각하는 거야. 아무 숫자라도 좋아. 그러면 내가 그 숫자를 맞혀 보겠네."

다음날 김 대리는 출근을 하자마자 경태에게로 다가와 어젯 저녁 회식자리에서 경태가 보인 신기한 숫자 알아맞히기에 대해 질 문을 했다.

"과장님, 어디서 그런 마술을 배우셨습니까? 정말 아무리 생각해 봐도 신기한 일이 아닐 수 없습니다."

"이 사람아, 그게 어디 마술까지 된다고 그러는가?"

"아닙니다. 그건 분명 마술입니다."

"그럼 내가 마술사란 말인가?"

"당연히 마술사지요."

"그래? 이거 갑자기 내가 대단한 사람이 된 것 같은 기분이 드는 데?"

그때 영업부직원들이 경태 주위로 하나 둘씩 모여들기 시작하더니 어느새 빙 둘러섰다. 마치 경태가 9자리 숫자를 에워싸라고 제시했던 그들 숫자처럼.

"가르쳐 주십시오. 이것을 거래처에서 해보이면 거래처 사람들이 아주 신기해하고 좋아할 겁니다. 하나의 영업 전략이 될 수 있다니까요."

"알려주는 것은 어렵지 않아. 정 알고 싶으면 이번 달도 지난달처럼 영업실적이 많이 오르면 내가 이달 말에 회식자리에서 가르쳐 주지."

"실적을 올리기 위해선 그 방법을 알아 거래처 사람들에게 써먹어야 한다니까요. 그들이 즐거워하고 신기해하면 우리 회사의 약품을 파는 데 유리합니다."

"열심히들 일을 하면 이것뿐만이 아니라 또 다른 것도 가르쳐 줄 수가 있으니 내 말대로 열심히들 일해서 이번 달에도 목표를 초과 달성해 보자고."

"아니 그것 말고 또 있단 말입니까?"

"무궁무진하지. 더 재미있는 것들도 많아."

"그럼 한 가지만 더 해보시죠? 부탁드립니다. 그럼 그걸 꼭 알고 싶어서라도 더욱 열심히 할 겁니다."

"맞습니다. 과장님, 하나만 더 해보세요."

"좋아. 그럼 하나만 더 해보지. 이번에도 김 대리가 대표로 해보겠나?"

"그러지요."

"그럼 우선, 2자리 숫자를 생각하는 거야. 아무 숫자라도 좋아. 그러면 내가 그 숫자를 맞혀보겠네."

"2자리 숫자라고 하셨지요? …예, 생각했습니다."

김 대리는 자못 흥미진진한 표정이었다. 아니 경태에게 완전히 매료되었다는 표현이 더 적절할 것이다. 김 대리는 2자리 숫자, 68을 머릿속에 떠올렸다.

"그럼 그 숫자의 일 자리와 십 자리를 바꾼 숫자를 만들게."

"알겠습니다."

68의 일 자리와 십 자리를 바꾸면 86이 된다.

"이번에는 처음 숫자의 뒤에 붙여서 4자리 숫자를 만들게."

즉, 68과 86을 연결해서 6886이라는 4자리 숫자를 만드는 것을 말한다.

"그 숫자를 11로 나누게."

"그러지요."

김 대리는 연신 계산기를 눌러댔다.

계산기에 떠있는 6886이라는 숫자.

김 대리는 경태의 지시대로 이 숫자를 11로 나누었다. 그러자 계산이 나왔다.

"답은 나왔나?"

"네."

김 대리가 계산한 최종 숫자는 626이었다.

"그 숫자가 2자리라면 그대로 가르쳐 주고 만약에 3자리라면, 아래 2자리만 가르쳐주게."

"3자리거든요. …아래 두 자리는 26입니다."

"26이라? 그렇다면 자네가 처음에 생각한 숫자는 68이군. 어때, 내 말이 틀렸는가?"

"와아!"

모든 직원들이 박수를 치며 함성을 질렀다.

"아니 도대체 어떻게 알아맞히시는 거죠? 제발 방법 좀 가르쳐 주십시오. 도저히 한 달 동안을 기다릴 수가 없을 것 같습니다."

"약속은 약속이야. 방법을 가르쳐 주는 것은 약속한대로 한 달 후에 하겠네. 자, 이제 전부 영업을 나가도록 하게. 이 방법을 알려면 부지런히 뛰어야 되지 않겠나? 그때 가서 뭐라 하지 말고 열심히들 해서 실적을 올려 나한테 떳떳하게 가르쳐 달라고 하게."

김 대리는 계산기를 꽉 쥔 채 고개를 갸우뚱거리기만 한다.

"도대체 어떤 방법으로 알아냈을까?"

머릿속에는 그 생각뿐이었다.

비밀풀기

가르쳐 준 숫자의 일 자리 째가 그 사람이 생각한 숫자의 십 자리가 되고 가르쳐 준 숫자를 하나하나 나누어서 더하기를 하면 생각한 일 자리가 된다.

26의 경우, 일 자리인 6이 십 자리가 되고 2+6=8이 일 자리이다. 그러니까 답은 68이 된다.

답을 말하는 2자리 숫자를 알아맞히는 방법 정리

1. 2자리 숫자를 생각하게 한다.(여기서는 68을 생각했다.)

2. 그 숫자의 일 자리와 십 자리를 바꾼 숫자를 만들게 한다.(68을 바꾼 숫자는 86이 된다.)

3. 이번에서 생각한 숫자와 2번에서 지시한 숫자를 연결해서 4자리 숫자를 만들게 한다.(68과 86을 연결하면 6886이 된다.)

4. 그 숫자를 11로 나눈다.(6886÷11=626)

5. 그 답이 2자리라면 그대로 물어보고, 3자리라면 아래 2자리 숫자를 물어본다.(여기선 3자리이므로 아래 2자리 26을 확인)

6. 가르쳐 준 숫자의 일 자리 째가 6. 1번에서 생각한 십 자리 60이 되고 5번에서 물어본 숫자 26을 하나하나 나누어서 더하면 2+6=8. 1번에서 생각한 일 자리가 된다.
그래서 답은 68이 되는 것이다.

※ 더해서 10이상인 경우는 그 일 자리 숫자가 생각한 일 자리에 일치된다.

좋아하는 숫자를 한 줄로 나열하는 마법술

몇 명의 학생이 숫자를 확인하기 위해서 줄지어 계산기를 들고 나와 선생님에게 건네주면 선생님은 똑같은 방법으로 족집게처럼 맞히는 것이 아닌가.

입시를 앞둔 학생들이 공부하기에 지쳐 있는 것 같아 선생님이 그들 머리도 식혀줄 겸 문제를 하나 내기로 했다.

"내가 재미있는 문제를 하나 낼까 하는데 계산기를 가지고 있는 학생들은 계산기를 꺼내도록 하고, 만일 계산기가 없는 학생은 휴대폰의 계산기를 사용해도 된다."

"선생님, 전 휴대폰을 가지고 오지 않았는데요? 계산기도 없고요. 어떻게 하죠?"

"그럼 계산기를 가지고 있는 친구한테 가서 한 조를 이루어도 좋아."

그러자 그 학생은 옆의 친구를 기웃거리며 준비했다.

"준비가 다 됐나?"

"네!"

학생들은 일제히 힘차게 대답하였다. 그 대답이 힘찼던 것은 일상 하는 공부가 아니라 선생님이 즐거운 게임문제를 내겠다는 것이었고 문제를 내는데 계산기를 준비하는 것부터가 흥미를 유발하고 있었기 때문이었다.

　"자, 모두 준비가 되었으면 각자 좋아하는 숫자를 하나 생각해 두도록. 단 그 숫자는 1~9까지 그 안에 있는 숫자이어야만 한다."

　"좋아하는 숫자요?"

　"참, 잠깐만. 먼저 계산기에다 1, 2, 3, 4, 5, 6, 7, 9라고 나란히 눌러 주도록."

　학생들은 선생님이 시키는 대로 숫자를 하나씩 입력해나가기 시작했다. 그러다 8이 빠진 것을 보고 한 학생이 소리쳐 물었다.

　"선생님, 8이 빠졌어요."

　"지적을 잘했어. 그것이 비밀이니까 내가 말한 대로만 따라하면 된다. 다 됐나?"

　"네."

"그럼, 이제 여러분이 좋아하는 숫자를 지금 입력된 숫자에다 곱하도록.(여기서 이해를 돕기 위해 어느 한 학생이 좋아하는 숫자가 2라는 것을 가정해 그것을 표준으로 아래에 설명해 나간다. 7이든 8이든 상관없이 조건은 같이 나타난다는 것을 독자 여러분이 이해하면 된다.)

"선생님, 그러니까 12345679에 제가 좋아하는 숫자를 곱하면 되는 거지요?"

"음 맞아."

앞에서 설명한 것처럼 어느 한 학생이 2를 좋아하는 숫자로 설정해 12345679에다 2를 곱했다.

"모두 곱했나?"

"네."

학생들은 저마다 좋아하는 숫자를 누르고 흥미 있는 얼굴로 선생님을 바라보았다.

설정한 2를 눌렀을 경우 숫자는 24691358이 된다.

"그러면 계산기를 나한테 줘봐."

선생님은 2를 좋아하는 수로 선택해 누른 학생으로부터 계산기를 받았다. 그리곤 키를 몇 번 눌러대더니 말했다.

"네가 좋아하는 숫자는 이거지?"

그러면서 선생님은 그 학생에게 계산기의 화면을 보여주었다.

"어!"

학생은 놀란 나머지 그만 입을 다물지 못하고 선생님의 얼굴을 쳐다보았다. 계산기 화면에는 자신이 좋아하는 숫자가 마치 확인이라도 되듯 하나도 아니고 무려 9개가 나란히 222222222이라고 찍혀 있는 것이 아닌가.

"자네가 좋아하는 숫자가 맞나? 분명하지?"

"선생님, 너무 놀라워요. 어떻게 알아맞히신 거죠?"

선생님은 웃으면서 교탁으로 다가갔다. 그러나 다른 학생들은 영문을 모르고 있었다.

선생님이 알아낸 마지막 키를 누르는 것이 무언지 모르는 학생들은 자신들이 좋아해서 생각해 낸 숫자가 무언지를 모르고 있었기 때문이다.

"자, 현수가 속으로 생각해 낸 숫자가 2라는 것을 내가 맞췄다. 자신도 맞는지 궁금하고 알고 싶은 사람은 계산기를 가지고 나오도록."

그러자 앞에 앉은 학생이 일어나 계산기를 들고 선생님에게 다가와 계산기를 건넸다. 선생님은 그 계산기의 키를 몇 번 누르고서 말했다.

"자네가 좋아하는 숫자는 6인데 맞나?"

"네, 맞아요 선생님."

그 학생도 놀라는 것은 당연한 일. 몇 명의 학생이 숫자를 확인하기 위해서 줄지어 계산기를 들고 나와 선생님에게 건네주면 선생님은 똑같은 방법으로 족집게처럼 맞히는 것이 아닌가. 교실은 술렁대기 시작했다. 선생님은 그 많은 학생들을 이렇게 일일이 확인해 줄 수 없어 그 방법에 대한 해답을 가르쳐 주기로 했다.

"여러분의 계산기에 나타난 숫자에다 9를 곱해 봐. 그러면 여러분이 생각해낸 숫자가 길게 나열되어 나타날 것이다."

그러자 학생들은 열심히 계산기를 둘러대곤 이내 교실은 떠나갈

듯한 함성으로 가득 찼다.

비밀풀기

좋아하는 숫자를 곱한 답에 9를 곱하면 좋아하는 숫자가 나열된다.

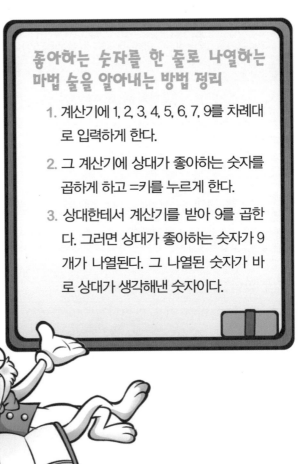

좋아하는 숫자를 한 줄로 나열하는 마법 술을 알아내는 방법 정리

1. 계산기에 1, 2, 3, 4, 5, 6, 7, 9를 차례대로 입력하게 한다.

2. 그 계산기에 상대가 좋아하는 숫자를 곱하게 하고 =키를 누르게 한다.

3. 상대한테서 계산기를 받아 9를 곱한다. 그러면 상대가 좋아하는 숫자가 9개가 나열된다. 그 나열된 숫자가 바로 상대가 생각해낸 숫자이다.

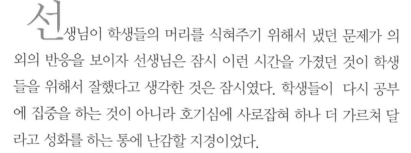

좋아하는 숫자를 한 줄로 나열하는 마법술 2

"여러분의 계산기에 나타난 숫자에다 7을 곱해 보도록. 그러면 역시 여러분이 생각한 숫자가 길게 나열되어 나타날 것이다."

선생님이 학생들의 머리를 식혀주기 위해서 냈던 문제가 의외의 반응을 보이자 선생님은 잠시 이런 시간을 가졌던 것이 학생들을 위해서 잘했다고 생각한 것은 잠시였다. 학생들이 다시 공부에 집중을 하는 것이 아니라 호기심에 사로잡혀 하나 더 가르쳐 달라고 성화를 하는 통에 난감할 지경이었다.

"그럼 내가 하나를 더 가르쳐 줄 테니 다시 집중해서 공부를 하겠다고 약속해. 내가 이런 문제를 낸 목적은 너희들이 공부하는데 너무 힘들어 하는 것 같아 잠시 머리를 식히고자 했던 것인데 너희들이 이렇게 성화를 부리면 내 의도는 빗나가 괜히 문제를 냈다고 후회를 하게 되거든. 내가 후회되지 않도록 할 자신이 있나?"

"네, 선생님!"

학생들은 환호성을 지르며 선생님에게 화답했다. 확실히 학생들은 호기심이 많은 세대이기 때문에 신기한 것을 보면 그대로 넘기질 못하는 습성이 그대로 드러났다.

"그럼 다시 계산기를 준비하도록."

학생들은 즐거운 표정을 지으면서 다시 계산기를 준비하고 계산기가 준비되지 않은 학생들은 삼삼오오 계산기를 가지고 있는 학생들에게 몰려들었다. 머리 회전이 빠른 학생은 필기도구를 이용해 선생님이 제기하는 문제의 순서를 준비했다.

"먼저 1에서 9까지 아무 숫자나 좋아하는 숫자를 계산기에 입력하도록."

그러자 학생들은 즐거운 표정으로 자신이 좋아하는 숫자 하나를 입력하였다.

"다 입력했나?"

"네!"

학생들의 대답은 힘찼다.

여기에서도 이해를 돕기 위해 좋아하는 수자를 6으로 선택한 학생을 기준으로 설명하고자 한다. 먼저와 마찬가지로 7이든 9이든 상황은 똑같다는 것을 알고 있으면 된다.

한 학생이 좋아하는 숫자를 입력시킨 것은 '6'이었다.

"그러면 그 숫자에다 1, 5, 8, 7, 3을 곱하도록."

그러자 학생들은 일제히 일, 오, 팔, 칠, 삼이라고 소리를 내면서 키를 눌러댔다.

"다 눌렀으면 =키를 눌러봐."

학생들이 선생님의 지시를 따르자 계산기에는 숫자가 표시되었다. 그 숫자는 95238이었다.

선생님은 아까와 마찬가지로 6의 숫자를 선택한 학생의 계산기를 받아들고 몇 번 키를 눌러댔다. 그런 다음에 계산기의 화면을 그 학생에게 보여 주었다.

"와! 선생님, 희한하네요."

거기에는 666666이라고, 6이 6개가 나열되어 있었기 때문이다.

선생님은 조금 전의 방법을 몇 번 그대로 하다가 학생들에게 알아맞히는 방법을 알려주었다.

"여러분의 계산기에 나타난 숫자에다 7을 곱해 보면 역시 여러분이 생각한 숫자가 길게 나열되어 나타날 것이다."

이번에도 역시 학생들의 함성이 교실에 퍼졌다.

"아까처럼 함께 나타나는데 방법이 달랐지?"

비밀풀기

표시된 숫자에 7을 곱하면 좋아하는 숫자가 나열된다.

좋아하는 숫자를 한 줄로 나열하는 마법술 2를 알아맞히는 방법 정리

1. 계산기에 1에서 9까지의 좋아하는 숫자 하나를 선택해 입력하게 한다.

2. 여기에다 1, 5, 8, 7, 3의 숫자를 곱한다. 그리고 =키를 누르게 한다.

3. 상대로부터 계산기를 받아서 7을 곱한다. 그러면 1번에서 입력한 상대가 좋아하는 숫자가 6개 나열된다. 그것이 곧 정답이다.

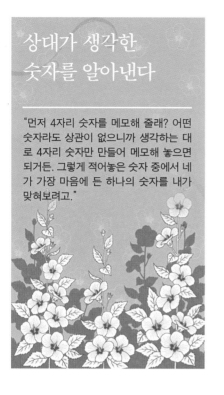

상대가 생각한 숫자를 알아낸다

"먼저 4자리 숫자를 메모해 줄래? 어떤 숫자라도 상관이 없으니까 생각하는 대로 4자리 숫자만 만들어 메모해 놓으면 되거든. 그렇게 적어놓은 숫자 중에서 네가 가장 마음에 든 하나의 숫자를 내가 맞혀보려고."

지수는 모처럼 학교에서 일찍 돌아와 침대에 편안히 누워 책을 보고 있었다. 그렇게 한가한 시간을 보내고 있는데 휴대폰이 울렸다. 전화를 건 사람은 학교 선배인 인호였다. 그는 지수에게 마음이 있어 항상 관심을 보이고 있었고 지수도 그런 사실을 눈치로 알고 있었다. 하지만 지수는 그다지 관심이 없었다.

"뭐하고 있니?"

"그냥 책을 보면서 쉬고 있어요."

"그래?"

"어쩐 일이세요?"

"그냥 심심해서 전화한 거야. 나오지 않을래? 맥주 한 잔 하자."

"오늘은 그냥 쉴래요."

"내가 너희 집 앞으로 갈 테니까 잠깐 나와. 간단하게 하고 들어

가면 되잖아.”

“다음에요. 오늘은 꼼짝하기 싫어요.”

“그래 그럼. 그 대신 전화로 내가 재미있는 문제를 하나 낼 테니까 한번 해볼래?”

“문제요? 갑자기 무슨 문제?”

“심심하니까 그냥 해보자는 거야.”

인호는 만남을 거절당하고 이대로 전화를 끊는다는 것이 못내 아쉬운 나머지 어떻게든 구실을 만들어 지수와 더 오랜 통화를 하고 싶었다. 지수는 뜬금없이 무슨 문제를 낸다고 하는데 별 부담 없는 제의이기 때문에 수락을 하고 인호의 다음 말을 기다리고 있었다.

“지금부터 내가 하라는 대로 따라해 봐.”

“네, 말해보세요.”

"먼저 4자리 숫자를 메모해 줄래? 어떤 숫자라도 상관이 없으니까 생각하는 대로 4자리 숫자만 만들어 메모해 놓으면 되거든."

"뭘 하는 건데요?"

"으음, 그렇게 적어놓은 숫자 중에서 네가 가장 마음에 든 하나의 숫자를 내가 맞혀보려고."

"그런 일이 가능해요? 내가 내 마음대로 적어놓은 것을 어떻게 맞히죠?"

"맞힐 수 있다니까."

"그래요?"

지수는 과연 그럴 수 있을까? 호기심이 생기면서 침대에 길게 누워있던 몸을 일으키고 머리맡에 있는 펜과 종이를 집어 들었다. 그리곤 얼른 생각나는 대로 4자리 숫자를 종이에 적었다.

그가 적어놓은 숫자는 8573.

"적었는데요."

"그러면 그렇게 적어놓은 4개의 숫자를 전부 흐트러뜨려서 순서를 아무렇게나 해서 또다시 4자리 숫자를 만들어봐."

지수는 메모해 놓은 숫자를 바라보더니 이리저리 뒤죽박죽으로 다시 4자리 숫자를 만들었다.

그 4자리 숫자는 3587.

"같은 숫자로 2개의 4자리 숫자가 만들어졌지? 그 2개 숫자 중 큰 숫자에서 작은 숫자를 빼봐."

인호가 지시하는 대로 지수는 충실히 따랐다.

8573-3587=4986

"빼기를 했는데요."

"그러면, 그 숫자를 메모해 둬. 그리고 그 중에서 가장 마음에 드는 숫자를 하나만 골라서 동그라미를 쳐. 내가 그 숫자가 무엇인지 맞힐 테니까. 만약에 0이 있으면 그건 동그라미를 치지 말고 제외시키고."

지수는 어떤 숫자에다 동그라미를 칠 것인가를 잠시 망설이다 6이란 숫자를 선택했다.

"체크했어?"

"네, 했어요."

"그럼 동그라미를 친 숫자는 빼놓고 그 이외의 3개의 숫자를 가르쳐 줄래?"

4986 중에 6을 체크했으니까 그 이외의 숫자는 4, 9, 8이다.

"4, 9, 8인데요."

"흠 그렇다면, …지수가 마음에 든다고 동그라미를 쳐놓은 숫자는 6이군. 어때, 맞았지?"

"어머!"

지수는 깜짝 놀라 자신도 모르게 소리쳤다.

"놀라는 걸 보니 맞은 것 같은데?"

"네, 맞았어요. 그런데 그걸 어떻게 알았죠? 신기해요. 정말 너무 신기해요. 가르쳐 줘요."

"전화론 가르쳐 줄 수가 없어. 다음에 만나면 내가 가르쳐 주지."

"선배, 맥주 한 잔 하자고 했었죠? 지금 한 잔 할래요?"

"지금?"

"네, 지금."

"피곤해서 쉬고 싶다고 했잖아. 그런데 나올 수 있겠어?"

"어디로 나갈까요?"

지수는 인호가 어떻게 알아맞혔는지 궁금해서 견딜 수가 없었다.

"내가 너희 집 앞으로 갈게."

인호의 얼굴에는 웃음이 가득했다.

비밀풀기

체크를 하지 않은 3개의 숫자의 합계를 한다. 그리고 그것보다 큰 9의 배수에서 합계를 빼면 된다. 이 경우에는 4+9+8=21, 그것보다 큰 9의 배수는 27이므로 27에서 21을 빼면 나오는 수 6이 답이 된다.

상대가 생각한 숫자를 알아내는 방법 정리

1. 4자리 숫자를 생각하게 한다. 8573.

2. 그 숫자를 하나하나로 나누어서 위치를 바꾸게 한다.(여기서는 상대가 숫자를 바꾼 것이 3587)

3. 1번에서 생각한 숫자, 2번에서 생각한 숫자 2개 중 큰 숫자에서 작은 숫자를 뺀다. (8573-3587=4986)

4. 그 답 중, 어느 하나를 체크하게 한다. 단, 0이 있을 경우에는 그것을 체크하지 않는다. (여기서 상대는 6을 체크했다. 바로 이 숫자를 맞히는 것이 정답이다.)

5. 그 이외의 3개의 숫자를 물어본다.(대답해야 할 숫자
   는 4, 9, 8)

6. 상대한테 물어본 3개의 숫자를 모두 더하기를 한
   다. 그 합계의 수를 그것보다 큰 9의 배수에
   서 빼면, 4번에서 체크한 숫자가 된다.
   4+9+8=21. 21보다 큰 9의
   배수는 27이니까 답을 알
   려면 27에서 21을 빼면 된
   다. 계산은 당연히 6일 것이
   고 이것이 바로 상대가 체크한
   숫자로 맞힐 수가 있다.

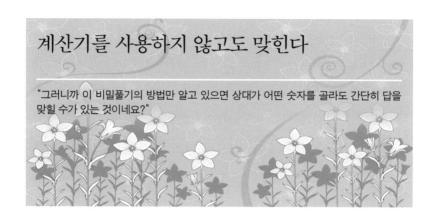

계산기를 사용하지 않고도 맞힌다

"그러니까 이 비밀풀기의 방법만 알고 있으면 상대가 어떤 숫자를 골라도 간단히 답을 맞힐 수가 있는 것이네요?"

지수는 인호와 만나기로 한 약속장소로 향하면서도 어떻게 인호가 자신이 생각한 숫자를 맞힐 수 있었는지에 대하여 궁금증에서 벗어나지 못하고 있었다. 정말 희한한 노릇이 아닐 수 없었다. 전화상으로만 주고받았을 뿐인데 자기 자신이 생각한 숫자를 맞힌다는 것은 불가사의한 일이 아닐 수 없었다.

지수가 약속장소에 들어서자 인호가 먼저 나와서 기다리고 있었다.

"선배, 어떻게 된 거죠? 아무리 생각해봐도 신기해요."

지수는 자리에 앉자마자 그 말부터 꺼냈다.

"신기하겠지. 전화 저편에서 지수가 생각해서 메모한 숫자를 알아맞혔으니까. 하지만 난 투시력이 있어서 우리 집에서 전화를 하면서도 지수가 메모해 놓은 숫자를 볼 수가 있거든."

"아이, 농담하지 말고요."

"뭐가 그리 급해?"

인호의 행동엔 여유가 있었다. 그도 그럴 것이 방법을 알고 싶어서 나온 지수이기에 인호로선 급할 것이 하나도 없었다.

이윽고 주문한 맥주가 왔고 인호는 지수에게 건배를 제의하면서 천천히 한 모금을 들이켰다. 지수도 한 모금을 들이키더니 인호에게 재촉을 한다.

"되게 급하구나. 알았어, 가르쳐 줄게. 지수가 생각해낸 숫자를 알아낸 방법은……."

인호는 지수에게 문제를 제시할 때부터 다시 복습을 하듯 차근차근 설명을 해나가기 시작했다. 다른 사람 같으면 절대 이 방법을 가르쳐 주지 않겠으나 마음에 드는 여자에게 환심을 사기 위해서는 어쩔 도리가 없었다. 마술과도 같은 비법을 전수할 수밖에.

"그러니까 이 비밀풀기의 방법만 알고 있으면 상대가 어떤 숫자를 골라도 간단히 답을 맞힐 수가 있는 것이네요? 그렇죠?"

"물론이지. 어때? 알고 나니까 간단하고 쉽지?"

"그러네요. 하지만 모르고 있었을 때는 도대체 어떻게 알아냈을까, 궁금해서 미치겠더라고요. 오죽했으면 집에서 쉬려고 하다가 선배를 만나러 부리나케 달려 나왔을까요?"

"모든 것이 다 그래. 모르고 있을 땐 대단하고 신기해도 알고 나면 지극히 간단하고 쉬운 문제라는 것을."

"다른 건 없어요?"

"왜? 또 다른 문제를 알고 싶어서?"

"있어요, 없어요?"

"많이 있지."

"많이 있다고요? 어머, 어떤 것들이 있는데요?"

지수는 호기심에 가득 찬 감탄의 연발이었다.

"한 번에 너무 많은 것을 알려고 하지 마. 차츰 하나씩 가르쳐 줄게."

"선배, 지금 하나만 더 가르쳐 주세요. 부탁할게요."

좋아하는 여자가 부탁이라고 말하자 인호의 마음이 흔들렸다. 그러나 너무 간단히 문제를 알려주면 결국 흥미가 반감된다는 것을 알고 있는 인호는 또한 이것을 빌미로 다시 만날 구실을 만들기로 했다.

"여기선 안 되고, 그 대신 새로운 문제를 아까 전화로처럼 내가 낼 것이고 그걸 또다시 내가 맞혀볼게. 하지만 그것을 알아내는 방법은 오늘 안 돼. 내일 다시 만나서 가르쳐 줄 거야. 어때, 괜찮겠지?"

"좋아요."

지수는 인호가 이 문제를 빌미로 자신을 내일 또 만나려 한다는 것을 알고 있었지만 그렇게 약속을 하고 말았다. 인호는 지금 지수를 만나 함께 시간을 보내고 있고 거기에다 또 내일 만날 것까지 예정이 되어 있자 기쁨을 감추지 못하고 있었다.

인호가 이러한 문제를 알고 있는 것은 무려 20여 가지가 되는데 이것만 차근차근 하나씩 써먹어도 지수를 한동안 만나는 것은 보장이 되어 있고 그렇게 만나는 과정에서 그녀에게 마음에 들도록 하고 정이 들게 된다면 이것은 정말 핑크빛이다. 인호는 마음속으로 쾌재를 불렀다. 마음이 들뜬 가운데서 인심 쓰듯 말했다.

"그럼 내가 하라는 대로 해봐. 음, 아까처럼 하되 이번엔 2자리 숫자를 생각해봐."

"문제예요?"

"음."

"이번엔 2자리 숫자를 맞히는 건가요?"

"그래."

말하면서 인호는 주머니에서 휴대폰을 꺼내 지수에게 건네주었다.

"계산기가 필요하거든."

"계산기가요?"

"음. 지수가 생각해낸 2자리 숫자를 계산기에다 쳐."

인호는 지수가 준비되길 기다렸다.

"쳤어?"

"네, 쳤어요."

지수는 그 숫자가 보이지 않도록 가슴 가까이 휴대폰을 끌어안고 있었다.

"잘하고 있어. 나한테 보이게 하면 안 되지. 그럼 그 숫자에다 11을 더해."

지수의 조심스런 손놀림을 보면서 인호는 기다리고 있었다. 지수는 다 됐다는 듯이 인호를 바라본다.

"…그 답에 다시 99를 곱해."

지수는 침착하게 인호가 지시하는 대로 계산기를 열심히 눌러댔다.

"숫자가 나왔지?"

"네, 나왔어요."

"그러면 계산기를 이리 줘봐."

그렇게 말하면서 인호는 지수로부터 넘겨받은 계산기를 테이블 위에 올려놓았다.

그럼 지수가 맨 처음 생각해 낸 2자리 숫자는 무엇이었나?

바로 75였다.

인호가 지시하는 계산을 살펴보면 다음과 같다.

$75 + 11 = 86$

$86 \times 99 = 8514$

계산기로 계산이 되어 있었기에 틀림없는 숫자가 나올 것이다. 계산기에는 8514라는 숫자가 표시되어 있었다. 그 계산기는 두 사람 사이의 테이블 가운데에 놓여 있다.

인호는 그저 계산기를 힐끗 쳐다보았을 뿐 어떠한 동작도 연결하지 않았다. 아니 어떤 동작도 인호에겐 필요치가 않았다. 힐끗 계산기를 본 것만으로도 벌써 답을 알아버렸기 때문이다.

지수는 자신이 생각해낸 숫자를 또다시 인호가 맞힐 수 있을까?

맞힌다면 어떤 방법으로 맞힐 수 있을 것인지에 촉각이 곤두섰고 그러함이 시선을 인호에게서 떼지 못하게 하였다.

역시 주도권을 쥔 사람에겐 여유라는 것이 있었다. 침착하게 인호는 여유스러운 마음을 보이면서 입을 열었다.

"지수가 생각해낸 숫자는……."

순간 지수는 긴장을 해서인지 침을 꼴깍 삼켰다.

"…75지?"

"어머!"

지수는 인호가 맞힐 것이란 예상은 했지만 막상 인호의 입에서 75란 숫자가 정확하게 튀어나오자 놀라고 말았다.

지수는 이 방법도 당장 알고 싶은 마음이 굴뚝같았으나 미리 약속되어 있었기 때문에 다음 날 만나서 아는 것으로 보류를 했다. 하지만 그 궁금증을 안고 어떻게 다음 날까지 기다릴 것인지 마음이 조급하기만 했다.

자신을 피하기만 하는 지수를 인호는 이제 이 방법을 차입해서 지수가 먼저 인호를 만나고 싶어 하도록 역전을 시켜놓고 말았다. 관계의 진전을 어디까지 시키느냐는 전적으로 인호의 몫이지만 만나기 힘든 여자를 쉽게 만나면서 수도 없이 데이트를 할 수 있도록 했다는 것은 얼마나 다행스러운 일이고 축하할 일인가.

그렇다면 계산기를 전혀 만지지 않고서도 어떻게 인호는 그 숫자를 알 수 있었을까?

비밀풀기

답의 숫자의 천 자리와 백 자리의 숫자를 뽑아내 2자리의 숫자를 만든다.

그 숫자에서 10을 빼면 생각한 숫자가 된다. 이 경우라면 8514의 85를 뽑아내서 거기서 10을 빼면 정답인 75가 되는 것이다.

만 자리까지 있을 경우에는 만 자리, 천 자리, 백 자리의 숫자를 뽑아내 3자리의 숫자를 만들어서 이번에는 9를 뺀다.

계산기를 사용하지 않고도 맞히는 방법 정리

1. 2자리 숫자를 생각하게 한다.

   (지수가 생각한 숫자는 75였다.)

2. 그 숫자에 11을 더하게 한다. 75+11=86

3. 그 답에 99를 곱하게 한다. 86×99=8514

4. 그 답을 물어보고 그 숫자의 천 자리와 백 자리를 뽑아내서(85) 10을 빼면, 처음에 생각한 숫자가 된다.

   85-10=75

※ 물어본 숫자가 5자리인 경우는 만 자리, 천 자리, 백 자리를 뽑아내 3자리 숫자를 만들어서 9를 빼면 그것이 상대가 생각해낸 숫자가 된다.

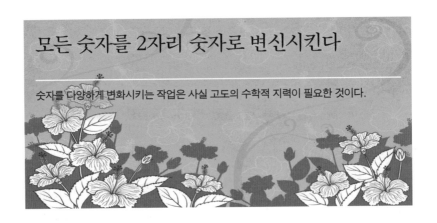

모든 숫자를 2자리 숫자로 변신시킨다

숫자를 다양하게 변화시키는 작업은 사실 고도의 수학적 지력이 필요한 것이다.

개성을 강조하고 필요로 하는 시대에서 숫자를 가지고서 마술을 보인다는 것은 지적능력의 겸비를 인정받을 수 있다. 그리고 숫자가 주는 변화와 무한함에 호기심을 자극할 수 있어 남들로부터 열렬한 환영을 받을 것이란 생각에 의심의 여지가 없다.

숫자의 마술을 많이 알고 있는 민호는 친구들에게 숫자의 마술사로 통하고 있었다. 그는 늘 새로운 마술을 준비해 와 친구들을 놀라게 하곤 하였는데 이날도 친구들과 만난 자리에서 친구들의 성화에 못 견뎌 새로운 것을 선보이지 않을 수 없었다.

"이제 오늘 한 가지만 더해주고 다음엔 한참을 쉬었다 새로운 것을 선보이겠어. 만날 때마다 새로운 것을 찾다보면 나는 밑천이 달랑달랑해진다고."

실상 민호가 친구에게 선보인 숫자의 마술은 어림짐작으로 해봐도 10여 가지가 넘고 있었다. 민호는 그 가운데 어떤 것을 선보일까 생각하다가 한 가지를 떠올렸다.

"자, 그럼 시작하기로 하지."

그러자 친구 하나가 기다렸다는 듯이 휴대폰을 꺼내 계산기를 열었다. 이런 경우가 오늘이 처음이 아니었기 때문에 그는 순서를 이미 알고 있었다. 몇몇의 친구도 휴대폰을 꺼내들고 있다.

"준비가 됐으면 먼저 2자리 숫자를 생각해 봐. 너희들이 생각한 그 2자리 숫자를 내가 맞혀볼 테니까."

계산기를 꺼낸 친구가 민호를 상대로 계산해 나가기로 했다.

친구가 생각나는 대로 계산기에 입력한 숫자는 68이었다. 그 친구는 그 숫자를 민호에게는 보이지 않도록 하고 주변에 있는 친구들에게만 살짝 보여준다. 그러나 이내 답을 알아맞힐 수 있는 민호는 여유를 가지고 계속 말한다.

"입력한 그 2자리의 숫자와 같은 숫자를 계속 두 번 입력해."

"두 번을 입력하라고?"

"무슨 이야기인가 하면 자네가 생각한 숫자가 만일 54라면, 계속 54, 54라고 추가로 입력을 하라는 이야기일세. 무슨 말인지 알겠나?"

잘 이해하지 못하는 것 같아 민호는 세세하게 설명하여 이해를 도왔다.

"으음, 알겠어."

    친구는 민호가 시키는 대로 68을 입력한데다가 다시 추가로 68, 68을 입력했다. 그러자 계산기에는 686868이라고 6자리의 숫자가 표시되었다.

    "그 숫자를 3으로 나눠."

    친구는 혹시 계산이 잘못되지 않을까 조심스럽게 그 숫자를 또박또박 3으로 나누었다. 그러자 228956이라는 숫자가 나왔다.

    "됐어?"

    "음, 다음은?"

    "다음엔 그 숫자를 다시 7로 나눠."

    친구는 228956을 다시 7로 나누었다. 그러자 계산기에는 32708이라는 숫자가 표시되었다.

    "자, 이젠 마지막이야."

    "알았어."

    "그 숫자를 다시 13으로 나누어봐."

친구는 고개를 끄덕이면서 마지막에 떠오른 숫자를 13으로 나누고서 =을 눌렀다. 그러자 2516이라는 숫자가 계산기에 표시되었다.

"계산한 것을 이리 줘봐."

민호는 친구에게 휴대폰을 받아 마지막에 나온 숫자를 확인했다. 그러더니 자신의 주머니에서 휴대폰을 꺼내 계산기를 열어 친구의 휴대폰 계산기에 입력된 숫자를 자신의 휴대폰에 입력하더니 몇 번 계산기를 눌러대면서 만족한 웃음을 지었다. 그리곤 친구를 바라보며 말했다.

"네가 맨 처음 생각해냈던 숫자는 이것이지?"

민호는 자신의 계산기를 친구에게 가까이 내밀었다. 거기엔 68이라는 숫자가 선명하게 나타나 있었다.

그렇다면 이 숫자를 맞히는 방법은 어떤 방법이었을까?

비밀풀기

마지막에 나타난 숫자를 37로 나누면 된다.

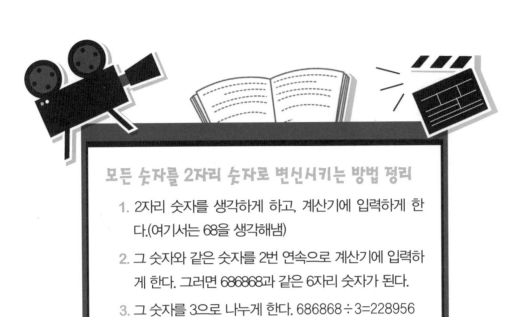

모든 숫자를 2자리 숫자로 변신시키는 방법 정리

1. 2자리 숫자를 생각하게 하고, 계산기에 입력하게 한다.(여기서는 68을 생각해냄)

2. 그 숫자와 같은 숫자를 2번 연속으로 계산기에 입력하게 한다. 그러면 686868과 같은 6자리 숫자가 된다.

3. 그 숫자를 3으로 나누게 한다. 686868÷3=228956

4. 그 답을 또 7로 나누게 한다. 228956÷7=32708

5. 그 숫자를 또 13으로 나누게 한다. 32708÷13=2516

6. 그 답을 물어보고 37로 나누면 처음에 생각한 2자리의 숫자가 된다. 2516÷37=68

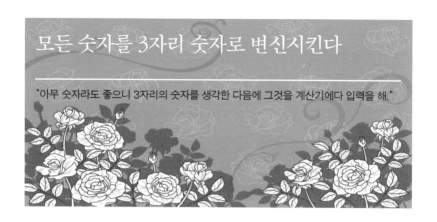

모든 숫자를 3자리 숫자로 변신시킨다

"아무 숫자라도 좋으니 3자리의 숫자를 생각한 다음에 그것을 계산기에다 입력을 해."

민호는 모든 숫자를 2자리 숫자로 변신시키는 방법을 선보인 후 퍼뜩 또 한 가지가 생각났다. 한 가지만 알려주고 한참 지난 후에 알려준다고는 했지만 이 문제는 앞의 문제와 연계된 비슷한 문제이기 때문에 해줘도 상관이 없다고 생각해 다시 친구들에게 말했다.

"지금 한 것은 2자리 숫자로 변신시키는 문제였는데 이번에는 3자리로 해볼까?"

친구들은 이런 민호의 제의를 마다할 리 없었다. 하나라도 더 알고 싶어서 안달이 난 친구들에게 이것보다 더 신나고 반가운 말은 없었다. 이런 분위기에 고조되어 자신감에 넘쳐있는 민호에게 또다시 계산기를 가지고서 덤벼드는 친구는 아까 그 친구였다.

"너는 아까 했으니까 이번엔 한번 다른 친구가 해보는 것이 좋겠어.”

“내가 할게.”

기다렸다는 듯이 얼른 나서는 친구는 가장 적극적인 관심을 보이고 있던 친구였다. 계산기를 든 그 친구는 자세를 고쳐 잡고 민호와 마주 앉았다. 하지만 다른 친구들도 휴대폰을 꺼내 계산기를 열고 참여하고 있었다.

“자, 시작하지. 어떻게 하면 되겠나?”

“먼저 아무 숫자라도 좋으니 3자리의 숫자를 생각한 다음에 그것을 계산기에다 입력을 해둬.”

“알았어.”

그는 잠시 생각에 잠기더니 생각한 숫자를 계산기에 입력을 했다. 그리곤 민호가 보지 못하도록 가리고서 친구들에게 일일이 그 숫자를 보여주고 있었다. 거기에는 573이라는 숫자가 표시되어 있었다.

“내가 그 번호를 맞혀보겠다는 것이니까 보이지 않게 잘해. 그러면, 그 3자리 숫자에다 다시 한 번 그 3자리 숫자를 똑같이 연이어

입력해 주게나."

"입력한데다 똑같이 계속? 두 번이 아니고?"

"음."

그러자 그 친구는 5, 7, 3을 다시 눌렀다. 그러자 계산기에는 573573이라고 6자리 숫자가 만들어졌다. 친구는 그것을 다른 친구들에게도 보이고 있었다.

"됐어?"

"오케이."

친구는 신이 난 듯 고개를 끄덕이며 힘차게 말했다.

"6자리의 순서가 나타나 있겠지? 그러면, 그 숫자를 7로 나눠."

"6자리 숫자를 7로 나누라?"

친구는 민호가 시키는 대로 나누기와 7의 키를 눌렀다. 그런 다음 =을 누르자 계산기 화면에는 숫자가 81939라고 표시되어 나타났다.

"했는데?"

"그럼 그 숫자를 또 11로 나눠."

친구는 계산기에서 눈을 떼지 않고 민호의 지시대로 순순히 따라했다.

"점차 숫자가 줄어드네."

"줄어드는 건 당연하지. 계속 나누기를 하는데."

옆에서 구경하던 친구가 지극히 당연한 이야기를 한다는 듯이 웃으면서 말했다. 그러자 모두 폭소를 터뜨렸다. 멋쩍은 듯 계산기를 들고 있던 친구도 웃음을 터뜨렸다. 그야말로 분위기는 최상이었다.

계산기에는 7449라고 표시되었다.

"이젠 다 됐어. 계산기를 이리 줘봐."

아까 하던 행동처럼 민호는 친구의 휴대폰을 건네받으면서 힐끗 숫자를 보고 그것을 테이블에 올려놓은 다음 자신의 계산기를 꺼내 그 숫자를 입력했다. 그리고서 다음 몇 번 키를 누르더니 그 곳에 나타난 숫자를 친구들에게 보여주었다.

"자, 보게. 이 숫자 아닌가?"

거기에는 573이라는 숫자가 분명히 표시되어 있었다.

역시 탄성이 흘러나왔다. 그들은 한결같이 감탄을 아끼지 않았다.

비밀풀기

간단하다.

마지막에 나타난 숫자를 13으로 나누면 된다.

7×11×13=1001이 되어 세헤라자데(천일야화 이야기의 왕비이름) 수數라고 불리고 있다.

모든 숫자를 3자리 숫자로 변신시키는 방법 정리

1. 3자리 숫자를 생각하게 하고 계산기에 입력하게 한다.(여기에서 입력된 3자리 숫자는 573)

2. 그 숫자와 같은 숫자를 이어서 계산기에 입력하게 한다. 그러면 573573이라는 6자리 숫자가 된다.

3. 그 숫자를 7로 나누게 한다.

   $573573 \div 7 = 81939$

4. 그 답을 다시 11로 나누게 한다. $81939 \div 11 = 7449$

5. 그 답을 13으로 나누면 처음에 생각한 숫자가 된다.

   $7449 \div 13 = 573$

한 순간에 역산逆算하는 요술머리

이 마술은 상대가 생각한 숫자를 정확하게 알아맞히는 마술이다. 상대에게 생각하게 하는 숫자는 몇 자리라도 좋다.

숫자를 가지고 덧셈, 뺄셈, 곱셈, 나눗셈을 섞어서 하려면 계산기가 꼭 필요하다. 그러나 간단한 암산으로도 할 수 있는 계산이 있다면 여러분의 생각은 어떨 것인가? 지금 여기서 하려는 숫자의 마술이 바로 그것이다.

이 마술은 언뜻 생각하면 어려울 듯하다. 하지만 이 마술은 사실 난이도가 조금 낮은 마술에 속하는 것이라서 사람들이 모인 자리에서 계산기를 가진 사람이 아무도 없을 때 이용하면 좋다. 하지만 휴대폰을 갖고 있지 않은 사람이 없어 이를 기대할 수는 없지만 아무튼 암산으로도 얼마든지 가능한 계산법 마술이라서 더욱 흥미로운 것은 사실이다.

이 마술은 상대가 생각한 숫자를 정확하게 알아맞히는 마술이다. 상대에게 생각하게 하는 숫자는 몇 자리라도 좋다. 하지만, 계산기가 있으면 모르되 어찌 되었든 없어서 택한 마술의 한 종류이니까 2자리나 3자리까지가 좋을 것이란 생각이다.

우선 상대에게 숫자를 생각하게 하라. 그때 상대에게 암산으로 해야 되는 것이니 만큼 암산능력만큼 2자리든 3자리든 선택을 하라고 일러두는 것이 좋다. 그러면 대다수의 사람들은 많은 사람들이 있어 상대적으로 쉬운 2자리의 수를 선택하는 것이 대부분이다. 3자리를 선택해서 암산의 벽에 부딪치면 창피를 당할지도 모른다는 염려가 작용해서이다. 그러나 상대가 생각한 숫자를 맞히는 것에선 2자리든 3자리든 그건 하나도 차이가 없으니 안심해도 된다.

이윽고 상대가 숫자를 생각했다고 했다. 그러니까 준비가 다 끝났다는 이야기이다.

"그럼 그 숫자에 10을 곱해 주세요."

이 정도의 계산은 얼마든지 암산이 가능하다.

"다음으로 그 숫자에 20을 더해 주십시오."

이것도 간단히 계산된다.

"됐습니까? 그렇다면 그 답을 10으로 나누어 주세요."

이것뿐이다. 이제 할 일은 상대가 계산한 그 숫자를 물어보기만 하면 당신은 상대가 생각한 숫자를 금방 알 수가 있다.

여기서 다시 한 번 정리된 설명이 필요하다.

예를 들어, 상대가 생각한 숫자가 '87'이라고 하자.

여기에 10을 곱하면

$87 \times 10 = 870$

이 계산은 초등학생이면 누구나 할 수 있는 계산이다.

이것에 20을 더한다.

$870 + 20 = 890$

이것도 마찬가지의 수준이다.

마지막으로 10으로 나누니까 $890 \div 10 = 89$

이 89를 당신은 상대로부터 듣는 것이다. 그리고 당장,

"당신이 생각해낸 숫자는 87이지요?"

이렇게 간파해 버리는 것이다.

87에 10을 곱하고 20을 더하고 10으로 나눈 것.

그런데 어떻게 89가 아니고 87이 되는가?

거기에 비밀을 알고 있어야 하는 것이다.

물론 역으로 거슬러 올라가면 정답이 쉽게 나오겠지만, 보다 쉬운 잠깐 사이에 할 수 있는 방법이 있다.

물어본 숫자에서 2를 빼면 그것이 답이 된다.

한 순간에 역산逆算하는 요술머리를 알아내는 방법 정리

1. 상대에게 숫자를 생각하게 한다.

※ 몇 자리 숫자라도 상관이 없는데 암산으로 해야 한다
   는 것을 상기시켜 너무 긴 자리를 선택하는 것은 피하
   게 하는 것이 좋다.

2. 그 숫자에 10을 곱하게 한다.

3. 그 답에 20을 더하게 한다.

4. 그 숫자를 10으로 나누게 한다.

5. 상대한테 그 답을 물어보고
   그 숫자에서 2를 빼면 된다.

※ 계산기를 사용하면 들통 나기
   쉬우니까 주의해야 한다.

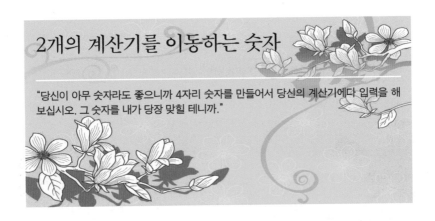

2개의 계산기를 이동하는 숫자

"당신이 아무 숫자라도 좋으니까 4자리 숫자를 만들어서 당신의 계산기에다 입력을 해보십시오. 그 숫자를 내가 당장 맞힐 테니까."

각자 계산기를 하나씩 준비한다.

한 사람은 일반 계산기라도 좋고 한 사람은 휴대폰 계산기를 준비해도 계산하는 기능을 갖춘 계산기만 준비가 되면 그만이다.

처음의 지시는 이렇다.

"당신이 아무 숫자라도 좋으니까 4자리 숫자를 만들어서 당신의 계산기에다 입력을 해보십시오. 그 숫자를 내가 당장 맞힐 테니까."

그러면 상대는 4자리 숫자를 만들어 그것을 계산기에다 입력을 시킬 것이다.

다음으로 '그 4자리 숫자를 꼭 기억해 두셔야 합니다. 내가 그 숫자를 맞혀야 하니까.'

이렇듯 다짐을 해둔다. 여러 가지 계산을 진행하다 보면 4자리 숫자라 깜빡 잊기가 쉬우니 어딘가에 메모를 하도록 권유를 해도 상관이 없다. 그런 준비가 끝나고 난 것이 확인이 되면 당신은 계속 진행을 한다.

"그 4자리를 입력한 숫자에다 73을 곱하세요."

상대는 자기가 입력한 숫자에다 73을 곱한다. 그러면 상대의 계산기에는 분명 6자리 숫자가 만들어져 있을 것이다. 그것을 알면서도 확인할 겸 묻는다.

"6자리 숫자가 나와 있지요?"

상대는 이런 물음에 계산기를 들여다 본 다음에 답한다.

"네."

"그럼 그 6자리의 숫자 가운데서 처음 2자리 숫자는 놔두고 그 숫자의 아래 4자리가 무엇인지 가르쳐 주세요."

당신은 이렇게 상대에게 아래 4자리 숫자를 물어본다. 물론 이 숫자는 상대가 처음에 생각해낸 4자리 숫자와는 다르다.

"당신이 생각해서 처음 입력한 숫자와는 전혀 다르지요?"

일단 여기서 확인을 해두고 넘어가는 것이 중요하다. 아래 4자리 숫자를 물어보았기 때문에 나중에 혹시 그것을 정답을 말해준 것이 아닌가 하는 오해를 할 수가 있고 그래서 그것을 불식시키기 위함이다. 어떤 일이든 상대가 오해를 할 소지는 없애고 넘어가는 것이 중요하다. 그것이 더더욱 마술의 위력을 확인시키는 결과가 될 테니까.

여기까지 진행이 되었는데 알기 쉽도록 정리가 필요함을 느낀다. 예를 들어, 상대가 처음에 생각한 4자리 숫자를 7865라고 하자.

이 숫자에 73을 곱한다.

그러면 계산기에는 574145라는 6자리의 숫자가 분명히 나온다. 이 아래 4자리, 즉 4145를 당신이 물어본 것이 된다.

자, 당신은 상대로부터 아래 4자리의 숫자가 무엇이라고 들었다. 그 숫자를 자기가 가지고 있는 계산기에 입력한다. 4, 1, 4, 5라고 소리를 내면서 그 숫자의 키를 하나하나 쿡쿡 눌러댄다. 그리곤 대뜸 당신이 말한다.

"당신이 생각한 숫자는 바로 ○ ○ ○ ○ 이군요?"

단번에 상대방이 생각해낸 처음 숫자를 맞혀버렸다. 과연 어떻게 해서 이루어졌는가?

비밀풀기

미리 자기가 가지고 있는 계산기에 137을 입력하고 곱셈키를 눌러둔다.

거기에 상대한테 들은 아래 4자리 숫자를 입력하면 6자리의 숫자가 표시된다. 그 6자리 숫자의 아래 4자리가 상대가 생각한 숫자가 된다.

2개의 계산기를 이동하는 숫자를 푸는 방법 정리

1. 상대에게 계산기를 주고, 4자리 숫자를 입력하게 한다. 여기서는 7865가 선택됨.

2. 그 숫자에 73을 곱하게 한다. 7865×73=574145

3. 그 답의 아래 4자리의 숫자를 물어보고(4145이다) 그 숫자를 당신의 계산기에 입력한다. 그리고 137을 곱한다. 그러면 6자리 숫자가 표시되는데 그 숫자의 아래 4자리 숫자가 처음에 생각한 숫자가 된다.

4145×137=567865

아래 4자리 숫자는 7865. 이 숫자가 바로 처음 생각해낸 숫자로 정답이다.

※ 요령 있게 하는 것이 중요하기 때문에 당신의 계산기는 미리 137을 입력하고 곱셈키까지 눌러두는 것이 좋다. 그렇게 하면, 상대가 말하는 아래 4자리 숫자를 입력만 하면 상대가 처음에 생각한 4자리 숫자를 바로 대답할 수 있다. 그러나 미리 입력할 기회가 없으면

다소 늦기는 해도 아래 4자리 숫자를 듣고 입력을 한 다음에 137을 곱해도 상관이 없다.

두 사람의 나이를 한꺼번에 맞힌다

"점쟁이보다 더 정확하게, 족집게로 맞혀드리지요. 숫자를 가지고 두 분의 나이를 단번에 맞혀보겠습니다."

엄마와 함께 모처럼 연극관람을 하기 위해 효빈은 대학로로 나갔다. 대학로는 휴일이라서 그런지 젊은 사람들로 넘쳐났다. 오랜만에 젊은 사람들이 많이 모인 곳에 나와선지 엄마는 10년은 젊어진 기분이라고 즐거워했다.

효빈과 효빈의 엄마는 연극을 관람하고서 퓨전 요리로 저녁식사를 끝내고 밖으로 나왔다. 그러자 어느새 대학로엔 어둠이 깃들고 있었다.

"효빈아, 어디 좋은 찻집 없니? 차 한 잔 하고 들어가자."

"좋은 찻집?"

"대학로엘 자주 와봤다면서? 분위기 있는 찻집에서 차 한 잔 마시고 들어가는 것도 좋지 않겠니?"

"그래? 그럼 엄마, 이리와 봐."

효빈은 엄마의 손을 끌고서 어디인가로 부지런히 발걸음을 옮겼다. 그러나 가고자 하는 찻집을 효빈은 찾지 못하는지 자꾸 주위를 두리번거렸다.

"어딜 찾는데 그렇게 헤매니?"

"나도 이야기를 들은 곳인데 어느 젊은 사람이 하는 카페래. 그 사람이 숫자로 마술을 부린다는데 생기기도 아주 잘 생겼대. 그래서 내 친구들은 많이 가봤다는데 나는 한 번도 가보지 못했거든. 그래서 오늘 가보려고."

"숫자로 마술을 부린다고? 얘, 나는 싫다. 숫자라고 하니까 수학이 생각나는데 수학이라면 엄마가 학교 다닐 때 제일 골치 아파 하던 과목이었거든. 갑자기 머리가 아파오는데."

"아냐, 아이들이 그러는데 상당히 신기하대. 한 번 가보자, 엄마."

"너 혹시 신기한 마술 때문이 아니라 그 남자가 잘 생겼다는 것에 더 호기심을 갖는 것 아니니?"

"그런 면도 없지 않아 있고. 어머! 저기야 엄마."

비로소 목적지를 찾은 효빈은 엄마의 손을 잡고 뛰다시피 그 카페로 들어갔다.

카페는 그다지 넓지 않았으나 실내분위기는 젊은 사람이 운영하는 카페답지 않게 고풍스러운 데가 있었다.

모녀는 창가에 자리를 잡았다.

"생각보단 분위기가 꽤 괜찮다."

엄마는 실내분위기가 꽤 만족스러운 듯했다. 하지만 젊은 효빈의 취향에선 조금 벗어난 듯했다. 그런데도 자기 친구들이 자주 온다는 것은 혹시 카페주인의 영향력 때문이 아닐까 하는 생각이 이르자 효빈은 카페주인이 누구인지 궁금하여 주위를 둘러봤다. 그러나 주인이라고 생각되는 사람의 모습은 보이지 않았다.

얼마의 시간이 흘렀을까?

"저희 카페를 찾아주셔서 감사합니다."

젊은 사람이 다가와 인사를 하는데 용모가 그야말로 짱이었다. 모녀는 대번 이 사람이 이 카페의 주인이란 것을 의심하지 않았다.

"좋은 시간 되십시오."

젊은 사람은 그렇게 인사를 하고 가려고 했다.

"잠깐만요!"

효빈이 인사를 하고 가려는 주인을 황급히 불러 세웠다.

"이 카페의 주인 되세요?"

"네? 아, 네."

"괜찮은 카페란 소문을 듣고 왔는데 소문보다 좀 시시한데요."

"그래요? 어떤 소문을 듣고 오셨는데요?"

"두 가지 소문요."

"두 가지 소문이라고요? 그 두 가지 소문이 뭔지 잘 모르겠는데 말씀해 주시겠습니까? 소문을 듣고 오셨다면 나쁜 소문은 아니고 좋은 소문일 텐데 궁금합니다."

"말씀드릴까요?"

"네, 말씀해 보십시오."

"하나는 이곳 주인이 잘 생겼다는 것이고요."

"하하, 그 소문은 보다시피 틀린 소문인데요."

"저도 그렇게 생각해요."

"효, 효빈아!"

효빈의 당돌한 말에 효빈의 어머니는 당황하지 않을 수 없었다.

"하하, 괜찮습니다. 솔직하신데요, 뭘. 아주 잘 보셨습니다. 그건 그렇고 그럼 또 하나의 소문은 뭐죠?"

"또 하나는 숫자의 마술을 대단히 잘 하신다면서요?"

"두 번째 소문이 그거였습니까? 글쎄요, 잘하진 못하고 그저 장난처럼 몇 가지는 즐기고 있습니다."

"어떠세요? 소문을 듣고 온 손님에게 그 마술을 보여주시지 않겠어요?"

"손님이 원하시면 보여드려야죠. 두 가지 소문 중에 하나만이라도 시시하지 않아야 다음에 또 오실 것 아닙니까?"

"물론이죠. 어떤 걸 보여주시겠어요?"

"글쎄요, 갑자기 당하는 일이라 뭘 보여드려야 할지 언뜻 떠오르질 않는데요."

"레퍼토리가 별로 없으신가 보죠?"

"두 분은 모녀지간이신가요?"

"그래요."

"그렇다면 두 분의 나이를 제가 동시에 한번 맞혀볼까요?"

"저희 엄마와 제 나이를 동시에 알아맞혀 보시겠다고요?"

"네, 흥미 없으시면 다른 것으로 하고요."

"숫자로 마술을 하시는 것이 아니라 혹시 점쟁이 아니세요?"

"글쎄요, 점쟁이일지도 모르죠. 하지만 점쟁이보다 더 정확하게, 족집게로 맞혀드리지요. 숫자를 가지고 두 분의 나이를 단번에 맞혀보겠습니다."

"좋아요."

"그럼 잠시만 기다리십시오. 계산기가 필요하거든요. 계산기를 가져오겠습니다."

주인남자는 계산기를 가지러 카운터로 향했다.

"얘, 저 남자 정말 잘 생겼다."

"그렇지 엄마?"

"어머, 얘좀 봐. 그렇게 생각하면서 아까는 왜 그렇지 않다고 했니?"

"말은 그렇게 하는 거야."

"내숭 떨었구나?"

그러는 사이 주인남자가 계산기를 들고 와 효빈의 맞은편에 앉았다.

"여기에 좀 앉겠습니다."

이윽고 자리에 앉은 주인남자가 계산기를 효빈의 엄마에게 건넨다.

"먼저, 어머님께 하겠습니다. 제가 말하는 대로 해주시면 됩니다."

"네, 그러죠."

"어머님의 나이를 계산기에 입력해 주십시오."

"제 나이의 숫자를 말인가요?"

"네."

효빈의 엄마는 주인남자가 보지 않도록 계산기를 가슴 가까이 끌어안고 흥미롭다는 듯이 자기의 나이 47세의 숫자를 입력했다.

"입력했어요."

"그럼 그 숫자에 2를 곱하고 1을 더해 주십시오."

그녀는 시키는 대로 계산기를 두드려댔다.

엄마의 나이는 47. 그것에다 2를 곱하면 94. 그리고 거기에 1을 더하니까 계산기에는 95라고 표시되었다. 물론 이 숫자는 효빈의 엄마만 알고 있고 효빈이나 주인남자는 알지 못하고 있다.

"그 숫자에 다시 5를 곱해주십시오."

그가 하라는 대로 하자 계산기에는 475라는 숫자가 나왔다.

"다시 그 숫자에다 10을 곱해주십시오."

475×10=4750

4750이라는 숫자가 계산기에 표시되었다.

"그러면 아가씨가 좋아하는 두 자리 숫자를 말씀해 주십시오."

"제가 좋아하는 두 자리 숫자요?"

"네."

"77인데요."

"어머님, 지금 계산기에 나타난 숫자에다 따님이 말한 77을 더해 주십시오."

효빈의 엄마는 서둘러 더하기를 한다. 두 모녀의 호기심은 절정이었다.

숫자의 표시는 4827이 되었다.

"그러면 이제 그 계산기를 따님에게 넘기십시오."

어머니가 여태껏 계산하던 계산기를 효빈에게 넘겨주었다. 그러자 주인남자가 차분하게 말했다.

"그러면 아가씨, 그 숫자에다 아가씨의 나이를 더해 주십시오."

"제 나이를요?"

"네."

효빈은 얼른 자기 나이인 23을 더했다.

"다 되었습니까? 그러면 그 계산기에 표시되어 있는 숫자를 가르쳐 주십시오.”

계산기에는 4850이라고 표시되어 있었다.

그 숫자를 주인남자에게 전하자 주인남자는 또 하나 가지고 온 계산기에 그 숫자를 얼른 입력했다. 그리고 키를 한두 번 눌러대더니 말했다.

“이제 됐습니다. 말씀드릴까요?”

“네, 말씀해보세요.”

그렇게 대꾸를 하는 효빈이나 그의 어머니나 궁금증이 가득한 얼굴이었다.

“어머님의 나이는 47세, 아가씨의 나이는 23세. 맞습니까?”

“어머!”

효빈과 효빈의 어머니는 동시에 탄성을 지르며 놀랍다는 표정이었다.

그렇다면 주인남자는 어떻게 두 사람의 나이를 동시에 알아낼 수 있었을까요?

비밀풀기

마지막에 물어본 숫자에서 50을 빼고, 그리고 중간에 물어본 좋아하는 숫자도 **뺀다**. 거기서 나온 4자리 숫자 중에서 위 두 자리가 처음에 나이를 입력한 사람의 나이가 되고 아래 두 자리가 나중에 나이를 입력한 사람의 나이가 된다. 단, 100세를 넘는 사람에게는 사용할 수 없다.

두 사람의 나이를 한꺼번에 맞히는 방법 정리

1. A에게 계산기를 주고 A의 나이를 입력하게 한다. 여기
   서는 어머니와 딸을 등장시켰는데, A는 어머니로 나이
   는 47세다.

2. 그 숫자에 2를 곱하게 하고, 또 1을 더하게 한다. 47×
   2+1=95

3. 그 답에 5를 곱하게 한다. 95×5=475

4. 그 답에 10을 곱하게 한다. 475×10=4750

5. B에게 두 자리의 좋아하는 숫자를 물어보고 4번의 답
   4750에 더하게 한다. 여기서 B는 효빈이고 그가 좋아
   하는 숫자는 77이라고 했다. 4750+77=4827

6. 그 계산기를 B에게 주고 B의 나이를 더하게 한다. B인
   효빈의 나이는 23세이다. 4827+23=4850

7. 그 답을 물어보고 우선, 50을 뺀다. 그리고 B가 말한
   좋아하는 숫자 77을 뺀다. 거기서 나온 숫자의 위 두
   자리가 A의 나이, 아래 두 자리가 B의 나이가 된다.
   4850-50-77=4723

   4723의 앞의 두 자리 수 47은 효빈의 어머니 나이가
   되며 나머지 뒤의 두 자리 숫자 23은 효빈의 나이가
   되는 것이다.

※ B에게(효빈이 말한 77) 물어본 숫자를
절대 잊어선 안 된다.

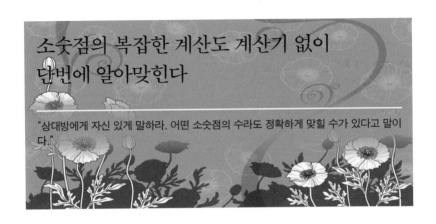

소숫점의 복잡한 계산도 계산기 없이 단번에 알아맞힌다

"상대방에게 자신 있게 말하라. 어떤 소숫점의 수라도 정확하게 맞힐 수가 있다고 말이다."

소숫점이 있는 수를 계산하는 것은 아주 복잡하고도 귀찮은 일이다. 그러나 아무리 복잡한 계산도 계산기를 사용해서 풀면 풀지 못할 숫자가 없다. 숫자를 틀리지 않고 정확하게 누르기만 하면 정답이 나오기 때문이다.

지금 하고자 하는 계산은 소숫점이 있는 수를 더하고, 빼고, 곱하고, 나누기도 하고 그러면서 답을 구하게 된다. 그런데 이토록 어렵고도 복잡한 소숫점 계산을 당신은 상대방에게 계산기를 사용하지 않고 머릿속으로 계산해서 정확하게 맞혀버리겠다고 말하는 것이다. 그러면 대다수의 사람들은 반신반의를 하면서 믿기 힘들다는 표정을 보일 것이다.

우선 상대방에게 자신 있게 말하라. 어떤 소숫점의 수라도 정확하게 맞힐 수가 있다고 말이다.

"어떤 소숫점이 있는 수라도 괜찮으니까 마음속으로 생각하세요."

예를 들어, 그것이 그 날의 날짜여도 상관이 없고(11월 25일이라면, 11.25, 8시 45분이라면, 8.45 등), 어떠한 소숫점의 숫자라도 상관이 없다. 단, 그런 식으로 생각해낸 숫자를 잊을 염려가 있으니까 메모를 해두게 하는 것이 좋다.

숫자가 정해졌으면 당신은 다음과 같이 말한다.

"그 소수에 2.64를 곱해주세요."

그 다음에는,

"그 답에 4.8을 더해주세요."

다음에는,

"그 답을 1.92로 나누어 주세요."

이때에는 소숫점이 섞여 있으므로 계산기를 잘 누르고 진행이 되는지 천천히 확인을 하면서 진행하는 것이 좋다.

"다음으로 그 답에서 5.9를 빼주세요."

그런 다음,

"그 답에 37.6을 곱해주세요."

곱셈, 뺄셈, 덧셈 등이 복잡하게 변하면서 계산이 되느니 만큼 상대가 헷갈리지 않게 분명하게 덧셈인지 뺄셈인지 등을 말해준다.

"다음은 그 답에 220.9를 더해주세요."

그리곤 이어서,

"자, 이젠 마지막입니다. 그 답을 51.7로 나누어 주세요."

이것으로 계산은 끝이 나게 된다.

"계산하느라 수고하셨습니다. 당신이 처음에 생각한 소숫점의 숫자는 무엇이었습니까?"

상대는 처음에 생각한 소숫점의 수, 즉 메모를 해둔 숫자를 당신에게 전한다. 바로 11.25였다.

그 숫자를 물어보고 당신은 당신이 가지고 있는 계산기로 계산을 간단히 끝낸다.

"당신이 계산한 답은 13.05지요?"

보나마나 적중입니다.

그렇게도 귀찮은 소숫점의 어지러운 계산을 금방 알아낸 상대는 당신의 능력에 놀랄 것입니다. 과연 어떤 방법으로 계산했기에 이런 계산을 간단하게 해냈을까요?

비밀풀기

처음에 생각하게 한 소숫점의 숫자에다 1.8을 더하면 됩니다.

소숫점의 복잡한 계산도 계산기 없이 단번에 알아맞히는 방법 정리

1. 소숫점의 숫자를 생각하게 한다. 여기서는 그 날의 날짜인 11월 25일, 그러니까 11.25의 숫자를 생각한 것으로 한다.

2. 그 소숫점 숫자에 2.64를 곱하게 한다.

   11.25×2.64=29.7

3. 그 답에 4.8을 더하게 한다. 29.7+4.8=34.5

4. 그 답을 1.92로 나누게 한다. 34.5÷1.92=17.96875

5. 그 답에서 5.9를 빼게 한다. 17.96875−5.9=12.06875

6. 그 답에 37.6을 곱하게 한다. 12.06875×37.6=453.785

7. 그 답에 220.9를 더하게 한다. 453.785+220.9=674.685

8. 그 답을 51.7로 나누게 한다. 674.685÷51.7=13.05

9. 여기서 1번에서 생각한 숫자를 물어본다. 그 숫자는 11.25 였고 그 숫자에 1.8을 더하면 8번에서 표시된 답이 된다.

   11.25+1.8=13.05

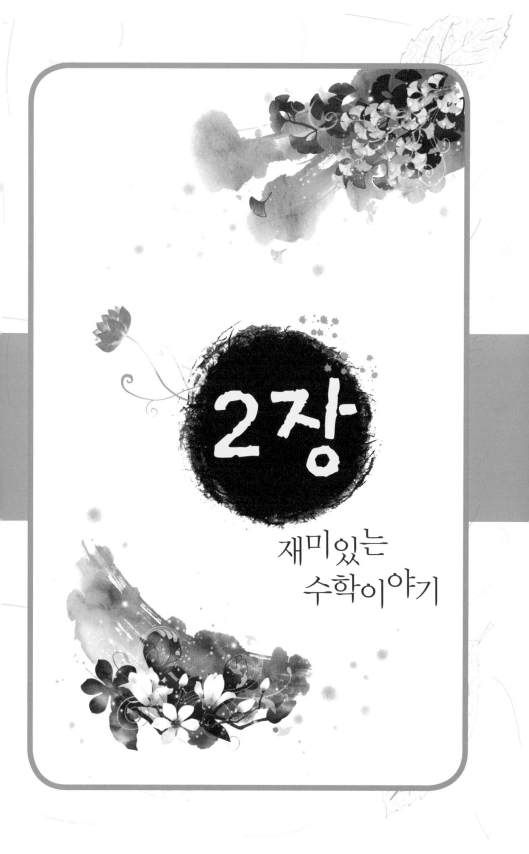

2장

재미있는
수학이야기

스님들 빵을 먹다

중국 명나라 때 주사학자인 정대위가 지은 '직지산법통종直指算法統宗'에는 오늘날까지 가장 기발한 수학문제인 '스님 빵 먹기'에 관한 문제가 있다. 이 문제는 수학에 관한 지능을 계발하는 가장 모범적인 문제로서 세계에 널리 알려져 있다.

"100명의 스님이 있는데 그들에게 100개의 빵이 있다. 그런데 큰 스님이 한 사람당 3개씩 먹고 작은 스님 세 명이 한 개를 먹었다. 그렇다면 큰스님과 작은 스님은 각각 몇 명일까?"

이 문제를 해결하는 데에는 여러 가지 방법이 있는데 가장 보편적인 방법으로 방정식을 세워 풀이하는 방법이 있다. 하지만 그것은 너무 평범하고 공식적이어서 수학의 지력을 키우는데 별다른 도움이 되지 않는다. 그렇다면 어떤 방법이 있을까? 그것은 새로운 편조법編組法으로 직지산법통종에 소개된 방법이다.

$100 \div (3+1) = 25$, $100 - 25 = 75$

편조법으로 풀이해 보니 큰스님 한 사람당 빵 3개씩 먹고 작은 스님 세 명이 한 개씩을 먹었으므로 스님 4명이 빵 4개를 먹은 셈이다. 그러므로 스님 100명은 25개 조로 편성할 수 있으며 한 조에 큰

스님 1명씩 있다는 계산이 나온다. 그렇다면 해답은 간단하다. 바로 큰스님은 25명이며 작은 스님은 75명임을 알 수 있는 것이다.

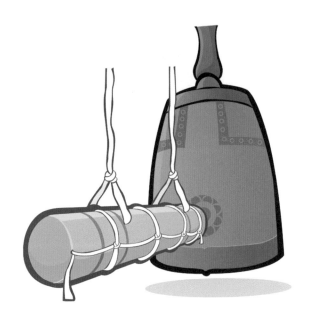

칸트의 지혜

독일의 철학자 칸트는 밤에 잠을 별로 자지 않는 것으로 유명했다. 그리고 철저한 규칙적인 생활을 하였는데 길을 걸어도 항상 빠르지도 않고 느리지도 않게 보폭이 일정했다.

어느 날 칸트 집의 시계가 멈추었다. 날씨도 흐려서 지금 몇 시경이 되었는지 알 수도 없었고 그래서 그는 친구인 스미트 집을 향했다. 친구의 집에서 친구와 얘기를 나눈 뒤 현관을 나서면서 그는 힐끗 시계를 쳐다보았다. 그리곤 오던 길을 따라 평상시의 걸음걸이로 집으로 돌아왔다. 집에 들어서자마자 그는 분명한 행동으로 시계바늘을 제시간에 맞추어 놓았다. 그렇다면 도대체 그는 어떻게 시간을 정확하게 맞추어 놓은 것일까?

칸트가 해결한 방법은 다음과 같다.

집을 나설 때 태엽을 감아 시계 밥을 충분히 준 다음 시계 바늘을 임의의 위치에 고정시켜 놓는다. 가장 편리하고 기억하기 쉽게 시계 바늘을 12시에 돌려놓는다. 그리고 돌아오는 즉시 시계를 본다. 이렇게 되면 양쪽 시간의 차이가 곧 그가 집에 없었던 시간이 된다. 그 다음 그가 친구 집에서 얘기를 나누며 보낸 시간을 뺀다. 그가 친구 집에 도착할 때와 떠날 때 친구 집 시계를 보면 되는 것이다.

그러면 차이가 나는 시간이 그가 길을 걸은 시간이 된다. 그는 항시 규칙적인 걸음을 걷기 때문에 이 숫자를 2로 나눈 후 친구 집을 나서면서 본 시간을 더하기만 하면 곧 그가 집에 도착한 정확한 시간이 된다.

칸트의 계산 능력은 비상했다. 이 계산법을 이용하면 문제를 단번에 해결할 수 있으며 일상생활 가운데 이런 풀이를 필요로 하는 계산방법이 많이 나타나곤 하는데 수학에 관한 지혜를 단련하는 좋은 기회라고 본다.

여학생은 모두 몇 명일까?

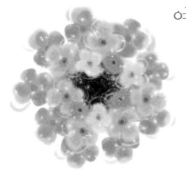

졸업반의 파티에 남녀 모두 100명이 참가하였다. 먼저 남학생이 도착하였다. 그 뒤 첫 번째로 도착한 여학생이 전체 남학생과 일일이 악수를 하였으며, 두 번째 도착한 여학생은 남학생 1명과 악수를 못하였고, 세 번째 도착한 여학생은 남학생 2명과 악수를 못하였다. 이처럼 반복되면서 마지막에 도착한 여학생은 결국 남학생 9명과 악수를 하였다. 파티에 참석한 여학생은 몇 명일까?

어렵게 생각하지 마라. 만일 첫 번째 도착한 여학생부터 생각할 경우에는 문제를 풀기가 상당히 어렵게 된다. 보통의 생각을 버리고 거꾸로 생각해 보라. 마지막에 도착한 여학생은 남학생 9명과 악수를 하였으므로 거꾸로 가면 마지막 두 번째 도착한 여학생은 남학생 10명과 악수를 한 것이며, 마지막 세 번째 도착한 여학생은 남학생 11명과 악수를 한 것이다. 이처럼 내려가면 첫 번째 도착한 여학생은 전체 남학생과 악수할 수 있다는 결론이 나온다.

결국 남학생은 여학생보다 8명이 더 많은 것을 알아낼 수 있다. 그러므로 파티에 참가한 학생 수를 살펴보면 이렇다.

(100-8)÷2=46(명)

톨스토이의 문제

러시아의 위대한 작가인 톨스토이는 어려운 문제를 푸는 것을 즐겼을 뿐만 아니라 이를 교묘한 방법으로 풀어내 많은 사람들을 놀라게 하였다. 아래 문제는 그가 내놓은 흥미로운 문제이다.

농부들이 밭 두 떼기의 풀을 베려고 한다. 그 중 한 풀밭은 다른 풀밭 면적의 두 배가 된다. 농부들은 그 큰 풀밭에서 반나절동안 풀을 벤 다음 두 개 조로 나누어 절반은 계속 큰 풀밭에서 풀을 베고 나머지 절반은 작은 풀밭의 풀을 벴다.

저녁 무렵이 되어보니 풀밭의 풀은 다 베었는데 작은 풀밭의 풀은 아직도 조금 남아 있었다. 이튿날 마을 농부 한 사람을 파견하였는데 작은 풀밭의 나머지 풀을 베는 데 하루가 걸렸다. 풀을 벤 농부는 모두 몇 명이었을까?

이때 농부들의 능력은 같은 것으로 본다.

톨스토이는 어려운 문제를 풀 때 흔히 그림을 그려 설명하곤 하였는데 이 문제도 예외가 아니었다. 그는 먼저 그림을 그린 후 설명해 나갔다.

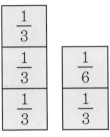

큰 풀밭   작은 풀밭

전체 농부들이 큰 풀밭에서 함께 반나절 동안 풀을 베었으며, 전체의 절반의 농부가 또 반나절 동안 풀을 벤 것이다. 그렇다면 절반의 농부가 반나절 동안 큰 풀밭의 풀 $\frac{1}{3}$을 벤 셈이다. 그러므로 다른 한 조의 절반의 농부들이 작은 풀밭에서 반나절 동안 풀을 베었으니 나머지 면적은 이렇다. $\frac{1}{2}-\frac{1}{3}=\frac{1}{6}$, 그러므로 농부 한 사람의 하루 작업량은 $\frac{1}{6}$인 것이다. 첫날 전체 농부들이 큰 풀밭의 풀을 모두 베어버렸을 뿐만 아니라 작은 풀밭의 대부분 면적(큰 풀밭의 $\frac{1}{3}$이다)을 베어버렸으니 이런 공식이 나온다.

$$1+\frac{1}{3}=\frac{3}{4}=\frac{8}{6}$$

그러므로 전체 농부는 $\frac{8}{6}\div\frac{1}{6}=8$(명)

본 문제는 대수로 풀이할 수도 있으나 너무 공식화되므로 생각할 여지가 없다.

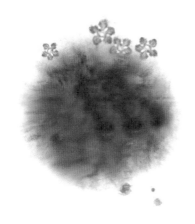

등산객 3명이 우연히 산꼭대기에서 만났다. 점심때가 되어 병이 말했다.

"난 먹을 것을 가져오지 못했소. 이 산꼭대기에서 사먹을 곳이 없군요."

"그럼 같이 나누어 먹죠. 다 같이 산을 좋아하는 사람들인데."

갑과 을은 흔쾌히 대답을 하였다.

갑은 빵을 5개 가져왔고 을은 빵 3개를 가져왔다. 그런데 이것을 세 사람이 골고루 나누어 먹었다.

식사를 마치고 나서 병은 감사하다며 갑과 을에게 8원을 내놓았다. 당연히 갑이 5원을 호주머니에 넣고 나머지 3원은 을이 챙겼다.

여러분은 어떻게 생각하는가? 이렇게 나누어 가지는 것이 합당하다고 생각하는가?

갑이 빵을 5개 가져왔고 을이 3개를 가져왔으니 언뜻 생각해 보면 맞는다고 생각할 수 있다. 그러나 꼼꼼히 따져보면 이렇게 나누는 방법이 합리적이지 않은 방법임을 알 수 있다.

세 사람이 빵 8개를 나누어 먹었으므로 1인당 평균 2와 $\frac{2}{3}$를 먹은 셈이다. 을은 빵 3개 가운데 자신이 2와 $\frac{2}{3}$를 먹고, 병에게 $\frac{1}{3}$을 지원하였는데 3원을 받았다. 그러나 갑은 자신이 2와 $\frac{2}{3}$를 먹고 병에게 2와 $\frac{1}{3}$을 지원하고도 5원밖에 못 받았다. 그러니 합리적인 방법의 계산이 될 수 없다.

정확하게 하려면 우선 병이 먹은 빵의 양을 계산해야 한다. 앞에서 이미 계산한 바와 같이 병이 먹은 빵은 2와 $\frac{2}{3}$이다. 이 2와 $\frac{2}{3}$의 빵 가운데 갑과 을이 제공한 비례를 계산해야 하는데 앞에서 이미 계산한 것과 같이 이러하다.

갑이 제공한 것은 2와 $\frac{1}{3}$이고, 을이 제공한 것은 $\frac{1}{3}$이다. 양자의 비례는 2와 $\frac{2}{3} : \frac{1}{3}$, 즉 7:1이다. 그러니까 병이 내놓은 돈은 7:1로 나누어 가져야 한다. 다시 말해 갑은 마땅히 7원을 가져야 하고 을은 1원을 가져야 합리적인 계산이 된다.

몇 명을
선발할 수 있을까?

어린이 49명이 그들 가슴에 각각 1부터 49까지 번호를 달고 있다. 그 중에서 어린이를 잘 선발해 원을 따라 세우는데 이웃한 어떤 두 어린이의 번호의 곱이 100보다 작도록 한다. 여러분들은 어린이 몇 명을 선발할 수 있을까?

이것은 세계 수학경시대회에서 출제된 문제 가운데 하나이다.

49명 어린이가 가슴에 번호를 달고 있는 것은 어린이마다 숫자 1개를 대표하는 것과 같다. 1부터 49이므로 모두 49개 자연수이다. 두 어린이의 번호 수를 곱한 합이 100보다 작아야 한다는 게 요구하는 문제이다. 다시 말해 이웃한 두 숫자는 모두 두 자리 숫자여서는 안 된다. 두 개의 두 자리 숫자 가운데 반드시 한 자릿수를 하나 끼워 넣어야 한다.

여러분들이 아이들을 몇 명이나 선발할 수 있느냐가 문제이다. 두 개의 한 자릿수는 모두 9개뿐이다. 즉 1, 2, 3…9인데 한 바퀴 빙

둘러서면 그들 가운데 9개 칸 사이에 9개의 두 자릿수를 끼워 넣을 수가 있지 않은가? 그러므로 제일 많이 선발할 수 있는 아이는 18명을 초과할 수가 없다.

요구 조건에 따라 줄을 세워본다. 어린이 18명을 선발하면 문제에서 요구한 해답을 얻을 수 있는 것이다.

아반티의 기막힌 계산

아라비아의 지주가 죽기 전에 이런 유서를 남겼다.

"말 11마리를 세 아들에게 나누어 준다. 큰아들은 $\frac{1}{2}$을 가지고, 둘째는 $\frac{1}{4}$을, 셋째는 $\frac{1}{6}$을 가져라."

한데 세 아들은 아버지 유언대로 유산을 나눌 수가 없어서 할 수 없이 외삼촌을 모셔와 해결해달라고 하였다. 그들 외삼촌은 지혜가 뛰어나기로 유명한 아반티였다.

아반티는 잠시 곰곰이 생각하더니 해결할 수 있다는 듯 빙긋이 웃으면서 자신이 타고 온 천리마를 그들이 유산으로 물려받은 말 11마리 무리 속으로 몰아넣었다. 그러자 12마리가 되었다. 그러자 나누기가 간단해졌다. 큰아들은 계산대로 6마리를 가졌고, 둘째는 3마리, 셋째는 2마리를 가졌다. 삼형제는 분배방법에 흡족해 하며 말고삐를 잡고 있었는데 이상하게도 천리마는 여전히 외삼촌 아반티에게로 돌아간 것이다.

프랑스 한 재벌이 임종을 앞두고 보석 13개를 딸 셋에게 나누어 주겠다고 했다. 큰딸은 $\frac{1}{2}$을, 둘째딸은 $\frac{1}{3}$을, 셋째 딸은 $\frac{1}{4}$을 가지라 했다. 13은 홀수이자 또 2, 3, 4의 공배수도 아니어서 보석을 나눈다는 것은 불가능했다. 세 딸은 별 수 없이 외삼촌을 불러왔다. 그들 얘기를 듣고 난 외삼촌은 생각하지도 않고 이렇게 말했다.

"그래, 내가 나누어 주마. 먼저 나의 수고비로 내가 한 개를 가져야겠다."

세 딸들은 외삼촌의 말에 동의하였다. 이제 보석은 12개가 남았다. 규정에 따라 큰딸이 6개를 가졌고 둘째가 4개를 가졌다. 원칙대로라면 셋째는 3개를 가져야 했는데 지금 남아 있는 것은 2개뿐이었다. 셋째는 울상이 되었다. 이때 외삼촌이 말했다.

"나의 수고비를 안 받고 이것을 셋째에게 주마."

그제야 셋째 딸은 만족스럽게 웃었다.

금목걸이

소설가 호크는 20여 일 안에 작품을 완성하기로 계약을 하고 제네바의 한 조그마한 여관에서 과학 환상 소설 집필을 시작하였다. 그런데 급한 마음에 집을 나서면서 현금을 가져오지 못해 여관비가 부족하였다. 몸에는 부인이 선물해 준 23고리의 금목걸이밖에 없었다. 그러자 금목걸이의 한 고리를 하루 여관비로 지불하라고 여관 주인이 말했다. 호크가 가장 낮은 대가(고리수를 적게 자르는 것)를 치르고 23일을 묵을 수는 없을까?

이는 아주 흥미로운 문제이다. 방법은 아주 간단하다. 세 번째, 네 번째, 열 번째, 열한 번째 고리를 뜯어내면 된다. 그러면 금목걸이는 다섯 토막이 되는데 그 길이는 3, 1, 6, 1, 12이다.

호크는 첫날에 첫째 고리를 내고, 이튿날에 또 한 고리를 내고, 세 번째 날에는 세 고리가 붙은 한 동강을 냈다. 그리고 전날 이틀에 걸쳐 냈던 두 고리를 거두어들인다. 넷째 날과 다섯째 날에는 매

일 한 고리씩 내고, 여섯째 날에는 여섯 고리가 붙은 가운데 동강을 내서 닷새 동안에 냈던 목걸이를 거두어들인다. 이렇게 밀고 나가면 23일을 모두 이용할 수 있다. 호크는 제때에 과학 환상 소설 집필을 끝낼 수 있었다.

손님은 몇 명일까?

어느 여름날의 저녁 무렵에 한 여인이 그릇을 한 광주리 가득 이고 와 나루터에서 씻고 있었다.

강물은 유유히 흐르고 조그마한 고기떼들이 그릇에서 나온 음식 찌꺼기를 먹느라고 이따금 하얀 물방울을 튕기기도 했다.

그때 한 척의 쪽배가 저녁노을을 지고 천천히 나루터로 다가왔다. 뱃사공과 그의 손자는 쪽배를 나루터에 비끄러매고 막 집으로 돌아가려고 서둘렀다. 그런데 여인이 그릇을 산더미처럼 쌓아 놓고 씻고 있는 것을 보고 뱃사공이 궁금해 못 견디겠다는 듯이 물어왔다.

"웬 그릇을 이렇게 많이 씻고 있죠?"

"오늘 집에서 손님을 초대했거든요."

"아니, 손님을 몇 명이나 초대했기에 그릇이 이렇게 많습니까?"

여인은 웃으면서 말했다.

"노인장께서 한번 알아맞혀 보시겠어요?"

그러자 뱃사공이 껄껄껄 웃으면서 이렇게 말했다.

"그릇이 전부 똑같아서 어느 것이 밥그릇이고 어느 것이 반찬 그릇인지 구분이 안 가는데 어떻게 알아맞히죠?"

여인은 손으로 입을 살포시 가리고 얼굴에 미소를 띠면서 잠시 생각에 잠기더니 이내 입을 열었다.

"그러시겠지요. 어느 것이 밥그릇이고 어느 것이 반찬그릇인지 구분이 안 가시죠? 하지만 계산해 보세요. 저희 집에 손님은 많고 그릇은 적어서 손님들 두 분이 밥그릇 한 개를 쓰고 세 분이 국그릇 한 개를 함께 쓰고 또 네 분이 반찬그릇으로 한 개를 같이 사용해서 모두 예순 다섯 개의 그릇을 사용했어요. 그렇다면 손님이 몇 분이나 되죠?"

뱃사공은 여인의 말을 듣고서 내심 계산해 보았지만 도무지 계산이 되질 않았다. 계산하려고 하면 할수록 머리가 헷갈려서 정신이 없을 지경이었다. 그러자 옆에서 가만히 얘기를 듣고 있던 어린 손자가 야무지게 외쳤다.

"저는 알아요. 손님이 몇 분인지 저는 알아요."

"네가 안다고? 어떻게?"

뱃사공은 믿을 수 없다는 듯이 손자를 바라보며 물었다.

"손님은 모두 60명이에요."

여인은 깜짝 놀랐다.

"60명이라고? 맞습니까?"

뱃사공은 믿을 수 없다는 듯이 여인의 얼굴과 손자의 얼굴을 바라봤다.

"네, 맞아요. 이 아이가 알아맞혔어요. 손자가 굉장히 똑똑하군요."

뱃사공은 손자의 머리를 자애롭게 쓰다듬어 주면서 흥분된 어조로 말했다.

"아니, 얘야. 어떻게 계산했기에 그렇게 간단히 알아맞혔니?"

손자는 대수롭지 않다는 듯이 조그마한 손가락을 꼽아가며 여유 있게 계산해 나갔다.

2명이 밥그릇 한 개를 사용했으니 1명이 $\frac{1}{2}$개 밥그릇을 사용한 셈이고 3명이 국그릇 한 개를 썼으니 1명이 $\frac{1}{3}$개 국그릇을 사용한 셈이며 4명이 반찬그릇 한 개를 사용했으니 1명이 $\frac{1}{4}$개 반찬그릇을 사용한 것과 같다. 밥그릇, 국그릇, 반찬그릇을 합하면 1명이 사용한 그릇은 아래와 같다.

$$\frac{1}{2}+\frac{1}{3}+\frac{1}{4}=\frac{13}{12}(개)$$

전부 합쳐 예순 다섯 개의 그릇이므로 한 사람이 사용한 그릇은 $\frac{13}{12}$개이기 때문에 손님은,

$$65\div\frac{13}{12}=60(명)$$

뱃사공과 여인은 연신 머리를 끄덕이며 어린아이의 총명함에 흐뭇함을 감추지 못했다.

아리송한 계산

손님이 지팡이 상점에서 30원짜리 지팡이 1개를 사고 50원짜리 현금을 지불하였다. 때마침 잔돈이 없었던 터라 주인은 이웃 가게로 건너가 잔돈을 바꾸어다가 손님에게 20원을 거슬러 주었다. 손님이 자리를 뜬 후 한참 후에 이웃 가게 주인이 황당한 얼굴로 찾아와 50원짜리가 위조지폐라며 내놓았다. 지팡이 상점 주인은 별수 없이 이웃 가게 주인에게 50원을 배상해 주었다.

이 일이 있은 후 주인은 심각한 고민에 빠졌다. 손님에게 20원을 거슬러 주고 또 이웃 가게에 50원을 배상했으니 결국 70원을 손해 본 셈이잖은가. 손님은 50원을 이득 보았고 이웃 가게에서는 손해도 안 보고 이득도 안 보았다. 그럼 차이가 나는 20원은 어찌 된 일일까?

사실은 이러하다.

지팡이 상점 주인이 잔돈으로 바꿀 때 이웃 가게에 위조지폐 50

원을 주었고, 이웃 가게 주인은 대신 50원에 해당되는 잔돈을 주었다. 그 다음 이웃 가게 주인이 위조지폐를 가져왔고, 지팡이 상점 주인은 이웃 가게 주인에게 50원을 돌려주었다. 그러므로 이웃 가게와는 사실상 아무런 돈 거래가 이루어지지 않은 것이다.

지팡이 상점 주인과 손님과의 잔돈 왕래는 이렇다. 손님이 지팡이 상점 주인에게 위조지폐 50원을 주었고, 주인은 손님에게 지팡이 한 개(30원)와 잔돈 20원을 건넸으니 합계 50원이다. 그러므로 지팡이 상점 주인이 손해를 본 액수는 70원이 아니라 50원이다.

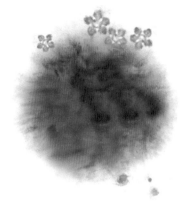

지혜로 왕을 이긴 전기

전국시대 제왕이 전기에게 말 타기 시합을 하자고 제의해 왔다. 신하인 전기는 싫으나 좋으나 어명이라 어쩔 수 없이 받아들여야 할 입장이었다. 경마는 세 번 나누어 진행하는데 3전 2승제이다. 말하자면 각기 말 세 필로써 1대 1로 세 번 겨루는 것이다.

하지만 전기의 말은 제왕의 말보다 우수하지 못했다. 전기의 제일 좋은 상위 말이 제왕의 상위 말보다 못하였고, 전기의 중위 말도 제왕의 중위 말보다 못하였고, 전기의 하위 말도 제왕의 하위 말보다 못하였다.

이때 군사 손빈이 전기에게 한 가지 묘책을 알려주었다. 마침내 시합이 벌어지는 날에 전기가 경마에서 이겼다. 그러면 손빈은 도대체 어떤 방법을 전기에게 알려줘 이기게 했을까?

손빈의 방법은 이러했다.
전기의 하위 말로 제왕의 상위 말과 시합을 하고, 전기의 상위 말로 제왕의 중위 말과 시합을 하고, 전기가 중위 말로 제왕의 하위 말과 시합하게 하였던 것이다. 결국 전기는 2:1로 간단히 이기게 되었다.

전기의 경마는 '게임이론'의 좋은 예문이다. 게임이론은 수학의 한 부류이다. 다시 말해 수학의 이론과 방법을 이용하여 이해 충돌이 있는 경쟁 상황에서 경쟁자를 물리칠 수 있는 가장 뛰어난 책략을 선택할 수 있는 것이다.

스님이 철근으로
만든 황소를 끌어내다

어느 날 아침, 영제군 정문 앞에 큼직한 광고문구가 나붙었다. 하얀 종이에 먹물로 글씨를 써놓아 지나가는 행인들의 눈에 확 띄었다. 지나가는 행인들은 또 무슨 일이 일어났는가 궁금해서 광고 앞으로 우르르 몰려들었다.

황하가 범람해 성 밖의 구름다리가 밀려가고, 양쪽 기슭에 다리를 고정시키는 8개의 철로 된 황소가 전부 물에 떠내려갔다. 다리를 복구하고 홍수에 대비해 더욱 튼튼한 다리를 만들어야겠으니 누가 철로 된 황소를 건져 올릴 수 있다면 상금 천 냥을 내릴 것이다.

사람들은 광고를 읽고 저마다 수군거렸다. 그 중 한 사람이 말했다.

"상금이 천 냥씩이나 된다는데 군침은 돌지만 누가 천근씩이나 나가는 쇳덩어리를 들어 올린단 말인가. 불가능한 일이지."

또 한 사람이 이에 맞장구를 쳤다.

"강물이 바짝 마를 날을 기다리는 수밖에 도리 있겠나? 강물이 바짝 마르면 몇 백 명이 달려들어 들어 올리면 모를까, 달리 도리가 있을 턱이 없지."

이때 얼굴이 야위고 헐렁헐렁한 장삼을 걸친 스님이 사람들을 헤치고 앞으로 다가갔다. 그는 고개를 쳐들고 입을 약간씩 실룩거리며 광고를 처음부터 마지막까지 두어 번 자세하게 읽어보는 것이었다. 그러더니 헐렁한 팔소매를 걷어 올리고 손을 뻗쳐 광고지를 쭉 찢어선 몇 번 겹쳐 접더니 휙 버리는 것이었다.

사람들은 의아해 스님의 얼굴을 바라보더니 이내 술렁거리기 시작했다. 스님의 백지장과 같은 얼굴, 바람에 당장 쓰러질 것 같은 깡마른 몸매, 누군가 보다 못해 스님에게 다가와 물었다.

"스님, 광고지를 뜯어버리신 것을 보니 그 철로 된 황소를 건질 수 있다는 말씀이세요?"

그래도 스님은 아무런 대답을 하지 않았다.

"철로 된 황소 한 마리가 몇 천근씩이나 되는데 여덟 마리면 몇

만 근이 아니오. 아마 신선이 스님을 돕는다면 모를까 어쩌려고 그러시오?"

스님이 그 말을 듣더니 껄껄껄 웃는 것이었다.

"이 세상에 신선이 어디 있습니까? 철로 된 황소가 물에 떠내려 갔으니 나는 다시 물로 그것을 건져 올릴 것이오."

스님의 행동을 주시하던 사람들은 도저히 스님의 큰소리가 믿어지질 않았다. 몇 천근짜리 철로 된 황소가 강바닥에 가라앉아 있는데 어떻게 물을 이용해 다시 건져낼 수 있을까?

하지만 스님은 좋은 방법을 갖고 있었다. 그는 사람을 시켜 배 두 척을 나란히 묶어놓고 가운데 공간을 내어 두 배 사이에 굵직한 통나무를 가로로 동여매 놓게 하였다. 두 척의 배에 또 모래를 잔뜩 실어 뱃전이 수평면과 거의 같도록 했다. 그렇게 한 후 배를 철로 된 황소가 가라앉은 곳으로 저어가 사람을 물속으로 잠수케 해 밧줄로 황소를 단단하게 묶게 하곤 그 끈을 또 두 배 사이에 가로놓인 통나무에 단단히 매었다.

이때 스님은 사람을 시켜 배 안의 모래를 한 삽, 한 삽씩 퍼내어 강물에 던지게 하였다. 그러자 뱃전은 물위로 서서히 떠올랐고 밧줄은 뿌득뿌득 소리를 냈다.

이윽고 모래를 다 퍼버리자 배는 물위로 떠오르고 철로 된 황소는 물속에 둥둥 떠 있게 되었다. 몇 사람이 노를 저어 그것을 새로 건축하는 구름다리 현장으로 끌고 갔다.

이렇게 한 번, 또 한 번 거듭해서 끝내 여덟 마리 황소를 현장으로 옮기는데 성공하였다.

광고지를 뜯어내고 철로 된 황소를 건져낸 스님은 바로 송나라의 유명한 건축가 회병懷丙이었다.

교묘한 분배술책

조대, 풍이, 왕소 이 세 사람이 자본금을 출자해서 말 장사를 하기로 했다. 그들은 전국 각지를 떠돌아다니면서 정말 열심히 장사를 했는데 2년여 만에 좋은 말을 17마리나 사게 되었다. 그러나 말썽은 여기서부터 생겨났다.

조대가 먼저 자기주장을 내세웠다.

"내가 절반을 가질 테니 자네 둘이서 절반을 갖고 나눠 가져라. 장사란 항시 투자 금에 비례하는 법, 내가 투자한 자본금이 절반이었으니 이윤도 절반을 갖는 게 당연한 것이잖나."

이때 풍이가 말도 안 되는 소리라며 펄쩍 뛰었다.

"그렇긴 해도 세 사람이 함께 땀 흘려 장사해서 번 돈이니까 공평하게 똑같이 나누어야지."

왕소도 풍이의 의견을 적극 지지했다. 왕소는 자신이 투자한 금액이 적었을 뿐만 아니라 장사능력도 신통치 않아서 이윤을 많이 차지하지 못할 것은 뻔한 일인지라 평균으로 나누어 가지기만 해도 천만다행으로 생각하던 참이었다.

세 사람이 서로 주장을 펴기만 했지 뚜렷한 결말이 나지 않자 하는 수 없이 17마리의 말을 끌고 관청으로 찾아갔다.

군수는 세 사람의 말을 듣고 고개를 끄덕이더니 판결을 내렸다.

조대는 $\frac{1}{2}$을 가지고, 풍이는 $\frac{1}{3}$을, 왕소는 $\frac{1}{9}$을 가지라고 명했으며 당장 지분에 대한 인정서에 도장을 찍게 하였다. 하지만 관청 문을 나서서 군수의 판결대로 나누려고 보니 그들은 난감하게 되었다. 어떻게 17마리를 판결대로 나눌 수 있는가?

조대가 먼저 입을 열었다.

"17마리의 $\frac{1}{2}$이면 8마리 반이니 내가 8마리 산 말을 가지고 또 한 마리를 잡아 절반을 가져다가 고기를 먹겠다."

풍이도 자기 나름대로의 생각이 있었다.

"난 산 말 5마리를 가지고 또 2마리를 잡아 고기를 골고루 세 몫으로 나누어 내가 1몫을 가지겠다."

왕소는 그렇다면 자기 몫이 너무 적다고 볼멘소리를 했다.

"어떻게 계산하든 좋지만 내 몫을 다 주어야 돼. 그렇지 않으면 난 관청에다 다시 고발할 거야."

그들은 장사를 하여 돈은 벌었지만 17마리를 놓고 지분을 나누는 데는 무기력했다.

이때 군수가 사건을 처리하러 밖으로 말을 타고 나오다가 그들 옆을 지나쳤다. 그러자 그들은 얼른 이 어려운 문제를 군수에게 말하면서 군수에게 직접 말을 나누어달라고 청했다.

"어험, 그거 뭐 그리 어려운 일이라고."

군수가 말에서 내리면서 말했다.

"서로 힘을 합쳐 장사를 해서 이익을 남겼으면 양보할 줄을 알아야지, 내 말까지 합해서 너희들에게 나누어 주겠다."

그들은 군수가 자기 말까지 나눠주겠다는 말에 이상한 생각이 들었다. 하지만 그들은 그저 처분만 기다릴 뿐 다른 방도가 있을 수 없었다.

"17마리에다 나의 이 말을 합하면 모두 18마리이다. 조대가 $\frac{1}{2}$을 가지면 9마리이니 몰고 가거라."

군수는 이렇게 말하면서 정말 말고삐까지 조대에게 쥐어 주는 것이었다. 조대는 아주 기뻐서 말 9마리를 몰고 재빨리 떠나갔다.

"풍이는 $\frac{1}{3}$이니 6마리를 가져야 하니 역시 몰고 가거라."

풍이도 매우 흡족한 기색으로 6마리를 끌고 갔다.

"왕소의 $\frac{1}{9}$은 즉 2마리이니 너도 2마리를 몰고 가라."

군수는 또 왕소에게 2마리를 몰고 가게 했다.

세 사람은 이 분배방법에 매우 만족을 느꼈다. 동시에 그들은 매우 기묘한 기분에 사로잡히지 않을 수 없었다. 9마리, 6마리, 2마리를 합하면 역시 17마리였고 또 1마리가 남았다. 군수는 남은 1마리, 자기 말을 끌고 와서 말 잔등에 올라타더니 가던 길을 향해서 사라져 갔다.

이 또한 아반티가 기발하게 계산한 방법을 이용해서 나눈 것으로 이치는 같다.

신비한 회전탁상

네모난 탁상은 중심을 축으로 돌아갈 수 있다. 네 귀퉁이마다 깊숙한 구멍이 뚫려 있고 그 안에 술잔이 놓여 있는데 바로 놓여 있거나 혹 거꾸로 엎어져 있다. 눈으로 그 속을 들여다보지 못하지만 손을 넣어 술잔을 만지는 것만은 허용된다.

문제를 즐기는 사람은 탁상을 몇 바퀴 돌리다가 멈춰 세운 다음 두 손을 두 구멍 안으로 넣어 마음대로 술잔을 세워놓을 수 있다. 원상태로 놔둘 수도 있으며 그 가운데 술잔 한 개만 뒤집을 수도 있고 두 개를 다 뒤집을 수도 있다. 그 다음 재차 탁상을 돌리고 또 위의 관정을 반복하여 계속 놀이를 진행한다. 탁상이 돌아가거나 혹 멈추었을 때 어느 구멍이 방금 전에 손을 넣었던 것인지 알 수 없다. 이것이 어려운 점이다. 네 개의 술잔을 바로 세우거나 혹은 거꾸로 엎어 놓는 게 이 놀이의 목표이다. 이 목표를 달성하게 되면 종소리가 크게 울려 퍼진다. 물론 시작할 때 술잔 4개의 상태는 다르다.

잔꾀를 부리려 하는 사람들의 행동을 막기 위해 몇 가지 금지사

항이 필요하다. 우선 한 번에 두 구멍에만 손을 넣을 수 있다. 다른 구멍에 손을 넣으면 안 된다. 다음은 두 손이 구멍에서 빠지기 전에 종소리는 울리지 않는다. 그래야 술잔을 만지는 체하면서 종소리를 기다리려는 얄팍한 수단을 미연에 방지할 수 있다. 이제 독자들은 진짜 실력으로 이 문제를 해결해 보도록 하라.

미국 수학자 마틴 카드날은 다섯 번 만에 목표를 달성할 수 있다고 주장했다. 그 주장은 다음과 같다.

1) 두 손을 임의의 대각선 위치에 있는 두 구멍에 넣어 만져보고 두 술잔을 모두 바로 세워 놓는다. 만약 종소리가 울리지 않으면 탁상을 돌린다.

2) 탁상이 멈춘 후 이웃한 두 구멍에 두 손을 넣어본다. 만약 술잔 두 개가 모두 바로 세워져 있으면 그대로 놔두고 그렇지 않은 경우 엎어져 있는 것을 바로 세운다. 이때까지 종소리가 울리지 않으면 우리는 이때 술잔 3개가 바로 세워져 있고 한 개가 거꾸로 엎어져 있음을 추리해 알 수 있다.

3) 탁상을 돌려 멈춘 다음 임의의 대각선 위치에 있는 두 구멍에 두 손을 넣어본다. 이때 술잔 한 개가 거꾸로 엎어져 있는 게 있으면 바로 세워놓는다. 그러면 종소리가 울릴 것이다. 만약 술잔 2개가 모두 바로 세워져 있으면 그 중 하나를 거꾸로 엎어놓는다. 그래도 종소리가 울리지 않으면 마음속으로 짐작을 한다. 술잔의 배열 방식은 반드시 이러할 것이다.

바로, 바로, 거꾸로, 거꾸로.

4) 탁상을 돌려 멈춘 후 두 손을 이웃한 두 구멍에 넣는다. 두 술

잔을 몽땅 뒤집어 놓는다. 만약 그때까지 종이 울리지 않으면 술잔의 정확한 배열 방식을 알 수 있다.

바로, 거꾸로, 바로, 거꾸로.

5) 탁상을 돌려 멈춘 후 대각선 위치에 있는 두 구멍에 두 손을 넣어 두 술잔을 모두 뒤집어 놓는다. 결국 종소리가 요란하게 울려 퍼진다.

이 문제는 표면상 확률문제 같으나 실은 운주문제라는 점이 사람들의 취미를 불러일으킨다. 한편 사람이 자연에 대한 도박이라 볼 수 있다.

깨끗한 장갑

깊은 밀림 속에 들어앉은 병원에 의사 세 명이 근무하고 있었다. 젠스와 스미스, 로빈슨이었다. 현지 추장은 쉽게 전염되는 무서운 질병이 두려웠던지 그들을 보고 자신의 건강상태를 한 번씩 검진해 줄 것을 요구했다. 검사할 때 의사는 반드시 고무장갑을 끼어야 한다. 만약 의사가 이 무서운 질병에 감염되었다면 병균은 곧 그의 손과 접촉한 장갑의 안쪽에 전염될 것이고, 만약 추장이 무서운 질병에 걸렸다면 곧 그를 검사한 의사가 착용했던 장갑의 겉 부분에 전염될 것이다.

검사하기 전에 간호사 크리니가 소독을 마친 장갑 두 켤레를 가져왔는데 한 켤레는 남색이었고 다른 한 켤레는 흰색이었다. 검사하기 전 의사 셋이서 장갑을 어떻게 껴야 자신들과 추장이 서로 질병에 감염되지 않을 수 있을까?

의사들은 도무지 알아낼 수가 없어 머리를 갸우뚱거렸다. 간호사 크리니가 묘한 방법을 내놓았다.

맨 먼저 스미스가 장갑 두 켤레를 꼈다. 속에 흰색 장갑을 끼고 겉에 남색을 꼈다. 흰색 장갑의 안쪽은 그가 전염시킬 수가 있고 남색 장갑의 겉쪽은 추장이 전염시킬 수가 있다. 스미스가 검사를 끝낸 후 두 켤레 장갑을 모두 벗었다. 이어 젠스가 남색 장갑을 꼈는데 그의 손과 접촉하는 부위는 균이 없는 남색 장갑의 안쪽이었다. 로빈손이 검사할 차례에 로봇을 이용해 흰색 장갑의 안쪽이 겉으로 나오도록 한 후 꼈다. 결국 그의 손과 접촉한 쪽은 흰색 장갑의 겉쪽이었고 그 위에 남색 장갑을 꼈다. 그러나 남색 장갑은 뒤집지 않고 원래 상태대로 겉쪽이 바깥으로 되어 있었다.

이처럼 세 가지 상황에서 추장과 접촉한 장갑은 오직 남색 장갑의 겉쪽뿐이었다. 결국 추장 자신이 질병에 걸리지 않았다면 그 어느 의사로부터 질병의사들 역시 추장으로 부터 감염되지 않을 것이다.

만약 n병 의사가 환자 K명을 진찰하려 하는데 의사와 환자들이 서로 감염에 교차되지 않도록 하려면 최소한 장갑을 몇 켤레 사용해야 할까? 이 문제는 대단히 연구 가치가 있는 문제이다.

깨끗한 장갑 문제는 맨 처음 저명한 수학자 마틴 카드날이 제기한 후 커다란 반응을 불러일으켰다. 많은 사람들이 독특한 해법을 내놓았지만 오늘날까지도 확실히 해결하지 못한 상태이다.

누구의 보도가 진실한가?

신문사에서는 종군기자 세 명이 전선에서 보내온 전투상황 기사를 받았다.

갑 : 아군은 이미 적군의 도시 A를 점령하였으며 적군 2,000명을 섬멸하였고 화포 80문을 노획하였으며 적군 탱크 100대를 부숴버 렸다.

을 : 아군은 아직 적군의 도시 A를 점령하지 못하였으며 적군 3,000명을 소멸하였고 화포 50문과 무기 2,500개를 노획하였다.

병 : 아군은 이미 적군의 도시 A를 점령하였으며 적군 탱크 100 대를 부쉈고 적군 3,000명을 소멸시켰으며 화포 80문을 노획하였 다.

3명의 종군기자 가운데 한 사람의 기사는 완전히 허위보도이고, 한 사람의 보도에는 한 곳이 진실하지 못하고, 한 사람의 보도는 모 두 전투상황과 맞았다. 주간은 누구의 보도기사를 선택할까?

갑과 을의 보도는 완전히 일치하지 않았다. 그러므로 기사는 모두 진실이거나 모두 거짓말일 것이다. 을과 병의 보도기사 중 한 곳이 일치하고 갑과 병의 보도기사 중 단 한 곳이 일치하지 않았다. 만약 을의 보도기사가 진실하다면 병의 보도기사에 틀린 곳이 무려 세 곳도 넘을 것이다. 이것은 '한 사람의 보도기사에는 한 곳이 진실하지 못하다'는 명제와 모순되는 것이다. 때문에 을의 보도기사는 전부 허위기사이고 갑의 보도기사가 완전히 진실한 기사이다. 주간은 갑의 보도기사를 신문에 싣기로 결정하였다.

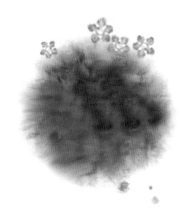

구혼자의 지혜

'베니스 상인'은 셰익스피어의 유명한 작품이다. 그 후 한 논리학자가 일부 장면을 고쳐놓아 논리가 빈틈없이 짜여졌다.

여주인공 포샤가 구혼자들에게 말했다.

"귀인들 앞에 놓여 있는 통 세 개 가운데 하나는 금으로 된 것이고 하나는 은으로, 하나는 납으로 된 것이에요. 통 위에는 각각 한 문구의 글이 새겨져 있는데 그 가운데 하나가 진담입니다. 나의 초상이 어느 통에 들어 있는지 알아맞히는 사람을 저의 남편으로 받아들이겠어요."

평소에 교만하고 우쭐대던 친왕은 통 세 개 앞에서 속수무책이었다. 그러나 총명한 청년 안드레는 논리의 추리수단을 이용하여 재빨리 알아맞혀 그녀와 백년가약을 맺었다.

그럼 안드레는 어떻게 알아맞혔을까?

그는 이런 점을 유심히 살펴보았다. 금통에 써놓는 '초상은 이 통에 있다'는 글과 은통에 써놓은 '초상은 금통에 없다'는 글은 상호 모순되는 글이다. 때문에 이 두 글귀 가운데 필연코 하나는 진담일 것이며 다른 하나는 거짓말일 것이다.

　대관절 어느 것이 진담이며 어느 것이 거짓말이냐는 생각할 여지도 없다. 하나만 진실이라면 진실은 이미 나와 있는 것이다. 그러므로 납통에 써놓은 글은 당연히 거짓말이다. 그러니 '초상은 이 통에 없다'는 글이 거짓말이 되었으므로 초상은 금 통에 들어 있는 것이다.

구사일생

고대 어느 나라에서는 제비뽑기를 하는 방법으로 죄인의 생과 사를 결정하였다. 그 방법은 이러했다.

법관이 두 장의 종이에 각기 '생'과 '사'를 쓴 다음 범인에게 뽑게 하여 만일 '생' 자를 뽑을 경우는 사면시키고, '사' 자를 뽑으면 당장 처형하였다.

어느 한 범인이 법관과 원수 사이였는데 그 범인이 제비를 뽑게 되자 법관은 그에게 보복하기 위해 누구도 모르게 두 장 다 '사' 자를 써놓았다. 범인의 친구가 그 소식을 알고 슬쩍 범인에게 귀띔해 주었다. 친구의 얼굴은 살아남을 수 있다는 표정이었다. 어찌된 일일까?

드디어 이튿날 오전 법정에 문이 열렸다. 범인은 제비 두 장 가운데서 재빨리 한 장을 집어 입 안에 넣어 삼켜버렸다. 뱃속에 들어간 종이에 '생' 자가 쓰여 있는지 아니면 '사' 자가 쓰여 있는지 알 수 없었다. 배심원들은 상의한 후 나머지 한 장의 글자에 따라 판결하기로 했다. 말하자면 나머지 한 장을 펼쳐보면 뱃속으로 들어간 글이 무엇인지 알 수 있다는 판단이다. 물론 나머지 종이에 쓰여 있는 글은 '사' 자였다. 배심원들은 범인이 삼킨 종이가 '생' 자라고 판단하고 범인을 무죄로 석방시켰다. 법관은 아무 말도 못 했다.

검은 모자와 흰 모자

어느 날 선생은 제자 셋 가운데서 누가 더 총명한가를 가늠해 보기로 했다. 선생은 이런 방법을 사용하였다.

선생은 미리 모자 5개를 준비하였는데 그 중 3개는 흰색이었고 2개는 검정색이었다. 먼저 제자들에게 모자를 보여주고 나서 눈을 감으라고 했다. 제자들이 눈을 감자 선생은 한 사람에게 모자 하나씩 씌워준 다음 나머지 3개를 감추어 버렸다. 그리고 나서 눈을 뜨고 자기 머리에 쓰인 모자가 어떤 색깔의 모자인지 말해보라고 했다.

제자 셋은 서로 바라보더니 잠깐 생각하고 나서 이구동성으로 자기 모자는 흰색 모자라고 말했다. 그들은 어떻게 알아맞혔을까?

그들의 추리과정은 이러했다.

먼저 '두 사람에 한 개의 검은 모자'의 상황이라고 본다. 갑이 본을의 머리에 쓴 모자는 흰 모자였다. 자신 머리에 쓰고 있는 모자는 흰 모자일 수도 있으며 검정 모자일 수도 있다. 그러나 만약 자기가 쓴 모자가 검정 모자라면 을은 재빨리 자기가 있는 모자는 흰 모자라고 말할 것이다.(그들은 모두 총명한 학생임을 잊어서는 안 된다.) 그러나 을은 즉각 말하지 않았으므로 자신이 쓰고 있는 것은 검정 모자가 아니라 흰 모자일 것이다.

이제 '세 사람에 두 개의 검정 모자'의 상황이라고 본다.

갑이 본 을과 병의 머리에 쓰고 있는 모자는 흰 모자였다. 자신이 쓰고 있는 모자는 무슨 색상일까? 그의 추리는 이러하였다.

가령 자기 모자가 검정이라면 갑을 제외하고 '두 사람(을, 병)에 한 개의 검정 모자'의 상황으로 변한 것과 같다. 잠깐 동안 생각에 잠긴 결과 을과 병은 마땅히 자기 머리에 쓴 모자는 흰 모자라고 말할 것이다. 그러나 지금 그들 두 사람은 누구도 입을 떼지 않는 걸로 보아 자기 머리의 모자는 흰색일 것이다.

이 문제는 중국 수학자 화라경(1910~1985)이 여러 차례 제기한 문제이다. 여기에는 귀류법과 수학귀납의 논리가 포함되어 있다.

하루 종일 산을 오른 불자

어느 날 아침 한 불자는 자비로운 마음을 안고 깊은 산 속의 절을 찾았다. 산 아래에서 산꼭대기까지 뻗어 있는 유일한 오솔길은 구불구불하고 가팔랐다. 불자는 빨리 걷다가 때론 천천히 걷고 하여 속도가 일정하지 않았다. 해가 서산 너머로 떨어질 무렵 드디어 산꼭대기에 도착했다.

그는 산에서 하룻밤을 묵은 후 아침에 산을 내려오기 시작하였는데 역시 오던 길을 따라 걸었다. 이번에도 때론 빨리 때론 느리게 걸었다. 묘하게도 산 아래 출발점에 이르자 해가 서산 너머로 떨어졌다. 산을 오르고 내려오는데 걸린 시간은 마찬가지였다.

여러분은 이런 점을 증명할 수 있는가? 그 산길의 어느 한 지점을 불자는 동일한 시간에 지나쳤다는 것을?

　생각하기에 이 문제는 대단히 어려운 문제라 생각된다. 왜냐하면 아무런 숫자가 없기 때문이다.

그러나 가상 법을 이용해 이 문제에 접근하여 보자.

불자가 산을 내려온 걸음 흔적을 그 자신의 것으로 보고, 그 전날
그가 산을 오를 때의 걸음 흔적을 다른 한 사람(재미있게 그 불자의
'그림자'라고 하자)이 걸은 노선이라고 상상한다. 그리고 보면 한 사
람은 산을 오르고 다른 한 사람은 산을 내려오는 것인데 유일한 길
이므로 두 사람은 필경 같은 시간에 산길의 어느 지점에서 만나게
될 것이다.

이것이 곧 우리가 증명하고자 하는 것이다. 보기에는 너무 어려
워 어떻게 계산해야 할지 모르겠지만 풍부한 상상력을 동원하면 이
내 해결할 수 있다.